Miri Bouaouina

MEIN NEW YORK DEIN NEW YORK

Die coolsten Spots und Storys der Stadt

POLYGLOTT

INHALT

Verlieb dich in New York City!

S. 113

S. 99

S. 126

Times Sq-42 St Station
N Q R S
1 2 3 7
at 8 Av
Big
City

Do not lean on door

New York City und ich – eine nicht endende Love Story

Auch nach so vielen Jahren lässt dieser Blick von der Brooklyn Bridge mein Herz höherschlagen.

Vor über zehn Jahren war ich zum ersten Mal in New York. Frisch fertig mit der Schule, Dorfkind und noch zu Hause im Kinderzimmer wohnend. Ich erinnere mich, als wäre es gestern gewesen, wie ich mit der Subway nach Manhattan reinfuhr und an der 34th Street ausstieg. Ich ging die Treppen nach oben und – ich schwöre, das ist in diesem Fall nicht nur eine Floskel – mir blieb die Luft weg. Ich empfand ein völlig neues Gefühl von Freiheit beim Anblick dieser hohen Gebäude. Kein Wunder, dass New York für so viele die Stadt ihrer Träume ist. Hier scheint einfach nichts unmöglich.

Die Stadt hat mich geprägt wie kein anderer Ort. Immer, wenn ich dort bin, sammle ich Erinnerungen, Momente und Inspiration und kehre nie als dieselbe Person zurück. In New York habe ich mich selbst und meine Identität gefunden. Das liegt vor allem daran, dass die Stadt dir ein Gefühl von Willkommensein vermittelt. Come as you are. Du läufst in Hausschuhen über den Times Square? Cool. Du küsst lieber Boys als Girls? Who cares? Cheetos knabbern um 10 Uhr morgens? Let's go! Du kannst sein, wer auch immer du sein willst, und tun, worauf du gerade Lust hast. Grenzenlose Freiheit.

Seit jenem Tag bin ich dauerverliebt und kehre immer wieder nach New York zurück. Mittlerweile besuche ich Freund*innen, die ich über die Jahre hier kennengelernt habe, und fühle mich wie ein Local, wenn mich Touris nach dem Weg fragen oder ich schon losgehe, ehe die Ampel umspringt. Manchmal fühle ich mich wie in einem kitschigen Film, wenn ich die New Yorker Straßen entlanglaufe. Ein Film, in dem ich die Hauptperson bin und als Einzige die Ästhetik New Yorks sehen kann. New York in Slow Motion: Der Qualm, der langsam aus dem Gullydeckel schwebt. Die im Wind wehenden Flaggen an den Gebäuden. Die Spiegelungen in den Pfützen oder den dreckigen Scheiben der Läden. Ramschige Gift Shops, hupende Autos, die unvergleichliche Duftnote aus Marihuana, Subway-Smog und dem Bratgeruch der Hotdog-Stände. Die kleinen Szenen, die sich hier tagtäglich abspielen und New York so lebendig machen: Der Construction Worker, der dem Baby im Kinderwagen zuwinkt. Die Straßenpolizistin, die den vorbeilaufenden Doggo streichelt.

Setz dir meine rosarote New-York-Brille auf, und ich verspreche dir: Auch du wirst dich in diese Stadt verlieben.

MANHATTAN

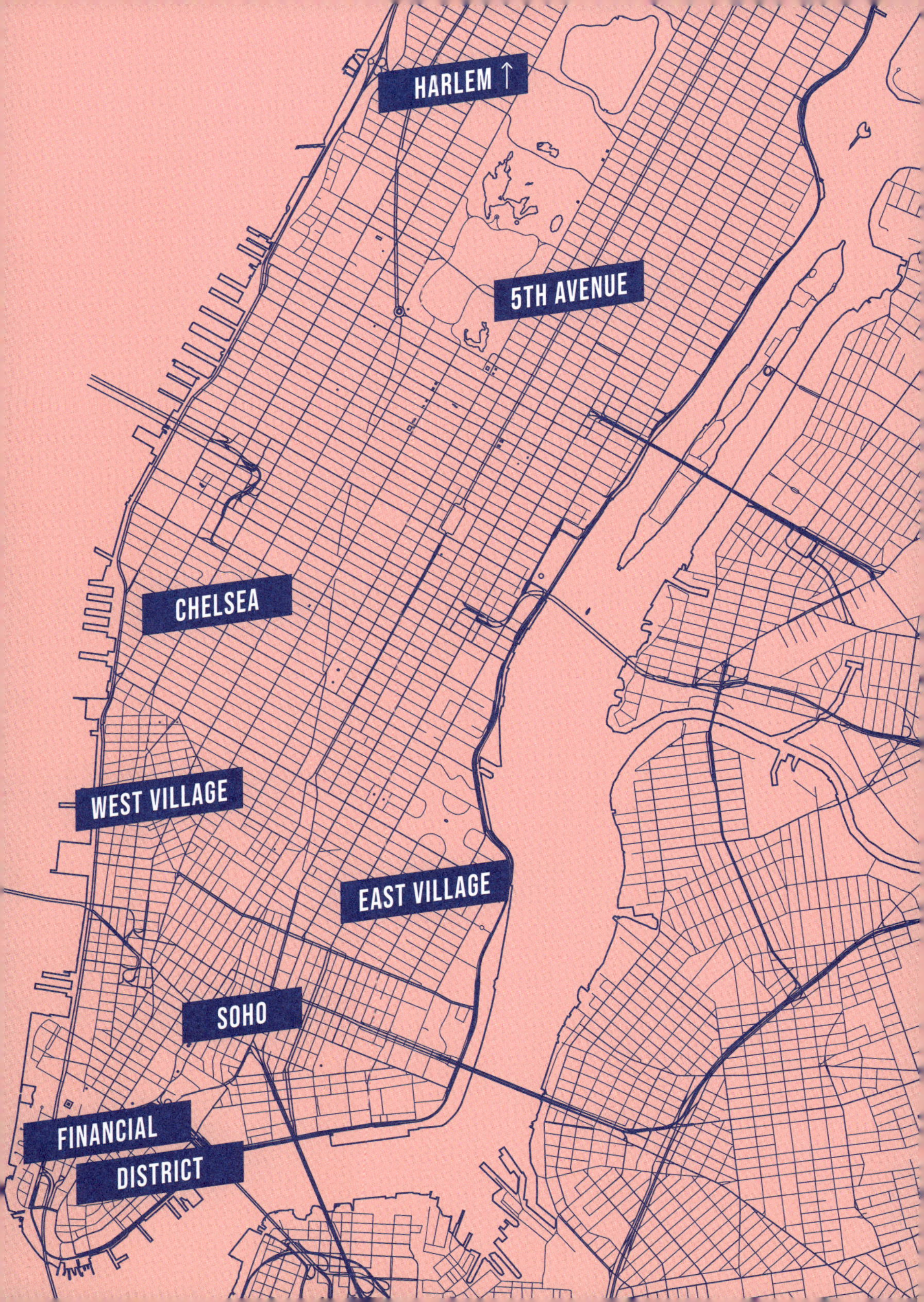
HARLEM ↑
5TH AVENUE
CHELSEA
WEST VILLAGE
EAST VILLAGE
SOHO
FINANCIAL
DISTRICT

5TH AVENUE

MANHATTAN
HUDSON RIVER
EAST RIVER
5TH AVE
8TH AVE
MADISON AVE
BROADWAY
PARK AVE
1
2
3
4
5
6
7
8
9
10
11
12
13
14
15
16
17
18
19
20
21
22
23
24
25

5TH AVENUE

The most glamorous street

Die 5th Avenue – es gibt wohl kaum eine bekanntere und glamourösere Straße auf der Welt. Für die meisten ist sie eine Luxus-Shoppingmeile, aber für mich ist sie viel mehr als das. Ich liebe es, sie entlangzugehen, weil es so viel Verstecktes zu entdecken gibt.

Die 5th Avenue führt durch viele verschiedene Neighborhoods, deshalb nehme ich dich auf einen Spaziergang mit und zeige dir meine Lieblingsspots. Du wirst viele verschiedene Facetten Manhattans und die schönsten Parks sehen. Auf der 5th Avenue finden auch die großen Paraden an Feiertagen statt. Vielleicht hast du ja Glück und bist zufällig dann vor Ort. Aber Parade hin oder her – saug die kleinen Momente auf: den nach Gebratenem riechenden Qualm der Hotdog-Stände. Die gelben Taxis, die hupend an dir vorbeirasen. Die geschäftigen New Yorker*innen, die schon loslaufen, bevor die Ampeln auf Grün springen.

Here we go ...

Ein kurzer Abstecher zum Times Square gehört zur New York Experience dazu. Mir persönlich ist es hier aber viel zu hektisch.

Ich liebe die grünen Oasen im New Yorker Großstadtdschungel. Die 5th Avenue führt an vielen chilligen Parks vorbei.

Wir starten da, wo die 5th Avenue beginnt: beim ⟶ **Washington Square Arch,** dem berühmten Triumphbogen im gleichnamigen Park. Als ich einmal während eines Schneesturms in New York war, fand hier eine öffentliche Schneeballschlacht statt. Das war vielleicht lustig, eine Szene wie aus einem Film. Im Sommer kann man hier entspannt an dem Brunnen sitzen und den Skateboarder*innen bei ihren Tricks zuschauen.

1 **WASHINGTON SQUARE**

must-see

magic moment

Bieg auf der 14th Street rechts ab und finde einen meiner all time Lieblingsspots: den **Union Square.** Ein trubeliger Ort mit einem kleinen Park, der nur so vor Leben strotzt. An den Wochenenden ist hier ein Markt. Es riecht nach Blumen, frischem Gemüse und Selbstgebackenem. Schnapp dir einen Blueberry Muffin und setz dich auf eine Parkbank. Menschen strömen aus dem Subway-Pavillon. Neben dir spielt ein Mann mit Kippa gegen einen Jugendlichen Schach. Eine junge Frau wartet, um den Gewinner herausfordern zu können. Ein Studi-Grüppchen demonstriert für mehr Klimaschutz, und einige Künstler*innen haben ihre Werke aufgebaut. Ein Jazzmusiker beginnt gerade zu singen. Typisch New York. Du realisierst: You're part of it. Du gehörst zu diesem täglichen Treiben dazu wie jede andere Person auch. Ein kleiner Gänsehautmoment, den du als Erinnerung mit nach Hause nimmst.

Der Broadway führt von hier schräg durch die rechtwinkligen Straßen direkt zum ⟶ **Madison Square Park.** Ich liebe diese grünen Oasen im New Yorker Großstadtdschungel. In einem Dog Run toben kleine und große, junge und alte Hunde miteinander, während ihre Besitzer*innen durch die Handys scrollen oder erfreut ihren Schützlingen zuschauen.

14 **MADISON SQUARE**

chill

Gleich beim Madison Square Park steht ein ganz besonderes Gebäude: das zur Ikone gewordene ⟵ **Flatiron Building.** Es schmückt nicht nur das Cover dieses Buches, sondern gehört bereits seit 1902 zu den prägnantesten Bauwerken der Stadt. Sein Name verrät es schon, es sieht aus wie ein Bügeleisen. Vielleicht hast du Glück und siehst »Flattie« ohne Gerüst – das gleicht aber fast einem Lottogewinn.

175 5TH AVE 17

perfect pic

Nur ein kleines Stück die 5th Avenue hoch, und wir kommen zu einem weiteren New Yorker Juwel: ein Gift Shop namens ⟶ **Memories of New York**. Ich weiß, in New York gibt es 2137 verschiedene Gift Shops, einer ramschiger als der andere. Aber in genau diesen bin ich damals auf der Flucht vor einem Regenschauer reingestolpert. Der Besitzer hat mich in ein Gespräch verwickelt und erzählt, wie er vor über vierzig Jahren als junger Mann in die USA immigriert ist und diesen Laden eröffnet hat. Den Shop führt die ganze Familie gemeinsam, und es hat keine fünf Minuten gedauert, bis er sein Portemonnaie rausgekramt und mir ganz happy seine Töchter und Enkelkinder gezeigt hat. Vielleicht war es auch nur eine clevere Verkaufsstrategie. Am Ende ging ich jedenfalls ohne Regenschirm, aber mit zehn Postkarten, drei Magneten und zwei Tassen wieder raus. Ich liebe solche Begegnungen. Man schaut für ein paar Minuten in ein komplett fremdes Leben. Ich habe den Shop-Besitzer nie vergessen und gehe seitdem immer wieder hin, um Hallo zu sagen. Ich könnte jetzt ganz romantisch sagen, dass er sich auch an mich erinnert. Das ist natürlich Quatsch, aber hey, manchmal erzählt er mir seine Geschichte einfach ein weiteres Mal.

8 206 5TH AVE

shopping

Stehst du auf Ice Cream und Cereals? Dann habe ich jetzt den hottesten Tipp für dich: die ⟶ **Milk Bar** nicht weit von der 5th Avenue auf dem Broadway. Das Eis schmeckt wie der letzte Schluck Milch, den du nach einer Schale Cornflakes übrig hast ... mhhh. Und die leckersten Toppings gibt es obendrauf. Ich bin gar nicht so der Eis-Mensch, außer in NYC, da gehört das für mich zum daily Business.

5 1196 BROADWAY

delicious

magic moment

Nach diesem Zuckerschock geht's zurück zur 5th Avenue. Auf Höhe der 30th Street bleibst du kurz stehen und hältst inne. Du hast jetzt einen herrlichen Blick auf das **Empire State Building**, das dir plötzlich entgegenragt. Ich setze mich manchmal einfach an den Straßenrand und bewundere es, während Autos und Menschen an mir vorbeirasen.

Natürlich brauchst du zum Weiterschlendern einen Oat Cappuccino. Den holst du dir am besten ein paar Straßen weiter in dem schönsten Coffee Shop, den du jemals gesehen hast: ⟶ **Felix Roasting Co.** Die portugiesischen Fliesen geben dem Laden einen europäischen Vibe. Der Coffee ist echt gut, und wenn du Glück hast, arbeitet Miguel und erzählt dir den daily New Yorker Gossip.

7 450 PARK AVE

coffee

11 E 31ST ST 18 **Einen Block weiter befindet sich das Arlo NoMad, ein Hotel, in dem ich schon häufiger abgestiegen bin. Selbst wenn du woanders residierst, kann ich dir einen kurzen Abstecher hierhin nur empfehlen. Auf dem Dach gibt es die ⟵ Rooftop Bar ART NoMad. Sie ist nur bei gutem Wetter geöffnet, noch nicht so bekannt und deshalb nie überfüllt. Wenn du also einen tollen Blick vom 31. Stockwerk auf die Stadt haben und eine hohe Entry Fee vermeiden möchtest, kannst du hier ein spanisches Bier trinken und von einem Logenplatz aus das Empire State Building fotografieren.**

perfect pic

BRYANT PARK 16

chill

Du sollst in diesem Kapitel keinen Park-Overload bekommen, aber ich muss einfach den ⟵ **Bryant Park** erwähnen. Er liegt ein paar Streets weiter die 5th Avenue hoch und ist neben dem Central Park mein Fave, weil ich es so cool finde, dass man hier einfach mittendrin ist. Ein grünes Fleckchen Erde umringt von Skyscrapern. Im Winter gibt es einen süßen kleinen Weihnachtsmarkt. Außerdem befindet sich hier die ⟵ **New York Public Library**. Ich kann dir einen Besuch in dieser städtischen Bibliothek wirklich wärmstens ans Herz legen, am besten an einem Regentag. Die Architektur mit den Gewölben und den Deckengemälden ist so beeindruckend – von der Auswahl der Bücher gar nicht zu sprechen. Der Eintritt ist übrigens kostenlos!

476 5TH AVE 

must-see

Ich bin eigentlich gar nicht so der Eis-Mensch. Außer in New York, da gehört Ice Cream für mich einfach immer dazu.

Lovely morning view

Die Aussicht vom Hotel Arlo NoMad haut mich immer wieder um. Sogar noch besser ist sie von der Rooftop Bar auf dem Dach.

LUGGAGE
SOUVENIR
JEWELERS ON FIFTH
NYC TAXI

REDKE
All Beef Sausages
Bienvenue!

TIMES SQUARE 3

must-see

Kann man ein Buch über NYC schreiben, ohne den ⟵ **Times Square** zu erwähnen? Nein? Okay, dann hab ich das an dieser Stelle erledigt. Ein kurzer Abstecher dorthin wäre möglich, da er nur zwei Blocks entfernt ist. Mir persönlich ist er aber wirklich viel zu hektisch. Als 1,53 Meter große Person ist es hart, sich hier seinen Weg zu bahnen. Richtiger Touri-Overload. Ich finde dennoch, dass er auf jeden Fall zur New York Experience dazugehört. Man sollte ihn mindestens einmal gesehen und erlebt haben. Besonders bei Nacht sind die riesigen Leuchtreklamen schon ein unglaublich magischer Anblick. Außerdem findest du dort sehr coole Stores, die zum Touri-Programm dazugehören dürfen: etwa die ⟵ **Hershey's Chocolate World,** die ⟵ **M&M's World** oder den ⟵ **Disney Store.** Aber Obacht: Wenn du ein Foto mit den herumlaufenden Disney Characters machst, musst du danach bezahlen. Der berühmte singende Cowboy treibt sich übrigens auch meist hier herum.

shopping

20 TIMES SQUARE, 701 7TH AVE 9

1600 BROADWAY 10

1540 BROADWAY 11

must-see

ROCKEFELLER PLAZA 4

Wir gehen stattdessen wieder weiter uptown. Wehende internationale Fahnen und je nach Jahreszeit eine Eislauf- oder Rollschuhfläche: das ist die ⟵ **Rockefeller Plaza**. Zur Weihnachtszeit steht hier der berühmte riesige Weihnachtsbaum, den man aus unzähligen Blockbustern kennt und liebt. Dieser Ort ist natürlich immer etwas busy, aber ich schaue den Menschen so gerne zu, wie sie hier Rollschuh fahren oder eislaufen. Joy pur! Auf dem Rockefeller Center befindet sich außerdem die Aussichtsplattform ⟵ **Top of the Rock**.

fun

45 ROCKEFELLER PLAZA 22

Eislaufen ist Joy pur!

Hier kann ich mich einfach treiben lassen und ständig Neues entdecken. Zum Beispiel den Pub aus How I Met Your Mother.

Wenn man das Geld für die teuren Aussichtsplattformen investieren möchte, ist diese Location für mich die beste Option. Auf mehreren Stockwerken und in beide Richtungen hast du eine spektakuläre View über die Stadt. Sowohl in erster Reihe auf das Empire State Building als auch auf die riesige grüne urbane Oase, den Central Park.

perfect pic

Für Serienfans interessant: Der McLaren's Pub aus der Serie *How I Met Your Mother* befindet sich ein paar Blocks weiter. In Wirklichkeit heißt er → McGee's Pub, er sieht von innen aber wirklich ganz genauso aus wie in der Serie.

19 **240 W 55TH ST**

Und dann sind wir auch schon beim riesigen → **Central Park.** Selbst wenn man nie dort gewesen ist, hat man direkt ein Bild vor Augen. Er ist Schauplatz unzähliger Filme und Serien, ein Stückchen Auszeit und Natur im Großstadtdschungel. Ich kenne niemanden, der diesen Ort nicht liebt. Im Frühling blühen hier die Tulpen und die Kirschblüten, man versucht, die ersten Sonnenstrahlen aufzufangen. Im Sommer tummelt sich hier die halbe Stadt, es wird gepicknickt, mit Footballs geworfen und an den Brunnen mit Wasser gespritzt. Im Herbst strahlen die Blätter der vielen Bäume golden, in Strickpullis und Parkas verdrücken die New Yorker*innen einen Hotdog oder eine Pretzel mit Senf und schauen den Kids beim Baseballspielen zu. Im Winter ist alles schneebedeckt, und der Central Park wird zum romantischen Paradies für Klein und Groß: Schlittschuh laufen, Schneemänner bauen, Schneeballschlachten, Skilanglaufen oder Schlitten fahren … Hier geht alles – inmitten der Stadt. Ich war im Winter mal Schlitten fahren im Central Park und hatte den Spaß meines Lebens, auch wenn mir auf dem Heimweg fast die Füße abgefroren sind, da ich nur Sneaker dabeihatte.

15 **CENTRAL PARK (DER EINGANG BEFINDET SICH IN HÖHE DER 59TH STREET)**

Obwohl ich schon so häufig im Central Park war, habe ich noch lange nicht alles gesehen. Zu meinem 30. Geburtstag haben meine Freundinnen mich hier mit einem Geburtstagskuchen und Crémant überrascht.

Wenn ich unter den vielen Brunnen New Yorks einen hervorheben müsste, wäre es wohl der ← **Pulitzer Fountain.** Er steht am Eingang des Central Park und könnte dir aus dem Intro der Serie *Friends* bekannt vorkommen. Für alle Fans (ich oute mich an dieser Stelle) ist dieser Stopp natürlich ein Muss!

20 764 CENTRAL PARK

perfect pic

Top of the Rock

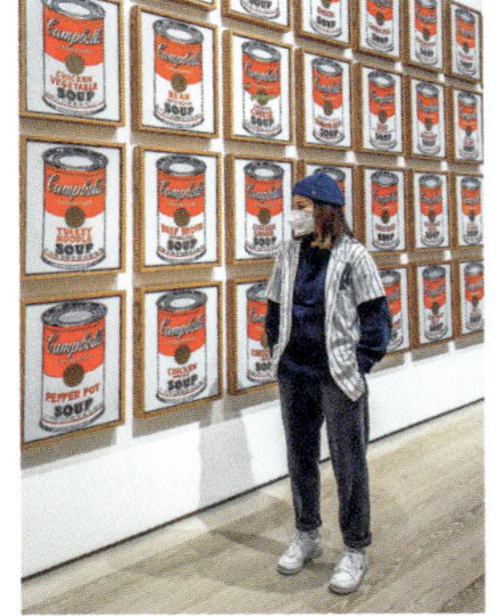

Das Deckengemälde mit der astrologischen Karte in der Buchhandlung Albertine könnte ich stundenlang anschauen.

Ich kann dir gar nicht wirklich einen bestimmten Felsen, Brunnen oder Ort empfehlen, lass dich treiben, »klettere« irgendwo hoch und genieß die Aussicht und die Natur. Ganz süß ist der Central Park Zoo mit seiner Delacorte Clock. Eine lebensgroße Spieluhr, die zur halben und zur vollen Stunde Musik spielt. Obwohl ich schon so häufig hier war, habe ich noch lange nicht alles gesehen, deswegen freue ich mich bei jedem weiteren Trip aufs Neue, den Park zu erkunden. Zu meinem 30. Geburtstag haben meine Freundinnen mich mit einem Geburtstagskuchen überrascht. Ganz american saßen wir auf einem der vorderen Felsen, haben Kuchen gegessen (heimlich Crémant getrunken) und die Frühlingssonne genossen. Dieser Tag wird mir für immer in Erinnerung bleiben.

fun

23 1000 5TH AVE
24 1071 5TH AVE
25 200 CENTRAL PARK WEST

Um den Central Park herum findest du auch die bekanntesten Museen New Yorks: Das riesengroße ⟶ **Metropolitan Museum of Art** mit den aus *Gossip Girl* bekannten Eingangsstufen. Das Met ist das größte Kunstmuseum der USA. Dann das architektonische Wunderwerk ⟶ **Guggenheim Museum** mit seiner Sammlung moderner Kunst. Und schließlich das berühmte Naturkundemuseum ⟶ **American Museum of National History** mit dem Riesen-Dino im Foyer aus *Nachts im Museum*. Ich habe schon ganze Regen- und Schneetage in diesen atemberaubenden Museen verbracht.

shopping

12 972 5TH AVE

Ein hidden Juwel auf der 5th Avenue ist für mich die französische Buchhandlung ⟶ **Albertine**. Dein Französisch ist ebenso eingerostet wie meines? Kein Problem, denn es gibt auch englischsprachige Bücher. Das Highlight ist aber das wunderschöne Deckengemälde im zweiten Stock. Eine astrologische Karte, die ich mir stundenlang einfach nur anschauen könnte.

1150 MADISON AVE 6

delicious

In der Parallelstraße Madison Avenue besuchen wir den wohl schönsten Supermarkt der Stadt: den ⟵ **Butterfield Market**. Wenn man ihn überhaupt als Supermarkt bezeichnen kann, es ist vielmehr ein Einkaufserlebnis mit den köstlichsten, feinsten und frischesten Delikatessen. Ich liebe es, durch die Gänge zu schlendern, bis mir das Wasser im Mund zusammenläuft, und dann für ein Picknick einzukaufen. Preislich gehoben, typisch Upper East Side, aber die Bagels with Schmear sind es einfach wert.

shopping

1313 MADISON AVE 13

Du hast es bestimmt schon gemerkt: Ich liebe es, in Buchläden zu stöbern. Besonders an kalten New Yorker Wintertagen. Wenn du den authentischsten aller Buchläden sehen möchtest, geh ein paar Blocks uptown zum ⟵ **The Corner Bookstore**. Altmodisch und gemütlich, eben so, wie man sich einen New Yorker Buchladen vorstellt. Perfekt, um sich aufzuwärmen und stundenlang die Zeit zu vertreiben.

254 E 60TH ST 21

Zum Schluss ein Abstecher, den ich selbst noch nie gemacht habe, der aber sehr cool sein soll: eine Fahrt mit der ⟵ **Roosevelt Island Tramway**. Die Gondelbahn führt über den East River auf die ruhige Roosevelt Island. Hier soll man einen echt wunderbaren Ausblick auf die Skyline Manhattans haben. Du kannst übrigens dein reguläres Subway Ticket für die Fahrt nutzen. Berichte mir doch gerne mal, ob es sich gelohnt hat ...

perfect pic

Die vielen Eindrücke haben dich müde gemacht? Dann nimm die Gondelbahn und erhol dich auf der ruhigen Roosevelt Island.

This view never gets old

Ich setze mich manchmal einfach an den Straßenrand und bewundere das Empire State Building, während alles an mir vorbeirast.

CHELSEA

هذا الكتاب يخص صاحبه فتح الله سعد
اشتراه من ماله غرة اذار سنة ١٨٩٢
This book belongs to its owner Fathallah Saad. He bought
It with the beginning of March 1892.
WALTON FORD
APTS
FOR
RENT
1-3
BEDS
646
328
1917

MANHATTAN
HUDSON RIVER
HIGH LINE
9TH AVE
7TH AVE
1
2
3
4
5
6
7
8
9
10
11
12
13
14
15
16
17
18
19
20
21
22
23

CHELSEA

Must-see

So delicious

Let's go shopping

Chill out

Drinks, drinks, drinks

Perfect pic

Fun things do to

The Flower District

Meine Fernbeziehung mit New York begann in einem spartanisch eingerichteten Hostelzimmer mitten in Chelsea. Es glich eher einer Gefängniszelle. Aber es hat meiner Begeisterung keinen Abbruch getan. Jener besondere Trip ist mir so sehr in Erinnerung geblieben, dass die Postleitzahl von Chelsea auf meinen Unterarm tätowiert ist. Und zwar in der Handschrift von Nici, die ich ebenfalls damals kennengelernt habe.

Das schicke Chelsea macht seinen Spitznamen Flower oder Artsy District alle Ehre. An jeder Ecke findest du mit bunten Blumenbouquets geschmückte Restaurants, Boutiquen oder Bars, süße Blumenläden und tolle Kunstgalerien. Chelsea ist auch sehr queer – an ziemlich jeder Hauswand hängt eine Regenbogenflagge. Hier leben mittlerweile die meisten gleichgeschlechtlichen Pärchen von ganz New York. Hast du Lust auf einen zauberhaften Tag?

Come on ...

Die High Line besuche ich immer als Allererstes in New York. Die stillgelegten Eisenbahnschienen wurden begrünt und in einen wunderschönen Park verwandelt.

Beginne den Tag mit einem typisch amerikanischen Frühstück. Und erfreue dich dann an den vielen Blumen in Chelsea.

Unser Tag in Chelsea beginnt mit einem richtig guten, für New York sehr preiswerten und vor allem maximal authentischen amerikanischen Frühstück in ⟶ **Johny's Luncheonette.** In dem unscheinbaren Diner stehen sowohl Anzugträger*innen als auch Construction Worker an, um schön fettig zu frühstücken. Der Laden ist winzig, du sitzt auf einem Hochstuhl an einem Tresen und kannst dabei zuschauen, wie dein Frühstück frisch zubereitet wird. Typisch amerikanisch mit Pancakes, Spiegeleiern und Home Fries – Bacon darf natürlich auch nicht fehlen. YUM! Es riecht nach Gebratenem von der Griddleplatte, und du wirst alles daran lieben. Hier brauchst du kein schlechtes Gewissen zu haben, wenn du dir massig Ahornsirup über deinen French Toast kippst. Der Kaffee schmeckt, wie er nur in einem Diner schmeckt, und wird natürlich kostenlos nachgefüllt. Den O-Saft gibt es bei Johny's immer noch in einem Tetrapack, aber da drücke ich mal ein Auge zu.

3 124 W 25TH ST

delicious

Völlig voll gefuttert hilft nur eines: ein Walk über die ⟶ **High Line.** Das ist der Ort, an den ich IMMER als Allererstes gehe, wenn ich in New York lande. Aber auch wenn man nicht so ein absoluter Gewohnheitsmensch ist wie ich, ist die High Line wirklich sehenswert. Stillgelegte Eisenbahnschienen über den Straßen New Yorks, die begrünt und in einen wunderschönen Park verwandelt wurden. Hier hast du eine tolle Aussicht auf den Hudson River auf der einen Seite und auf die busy Straßen auf der anderen. Wenn das Wetter schön ist, solltest du deinen Spaziergang früh machen, denn es wird schnell übertrieben voll. Dann stauen sich die Besucher*innen ständig, da es an jeder Ecke etwas Neues zu fotografieren gibt. Aber hey, ich lichte auch jedes gigantische Street-Art-Mural ab, das plötzlich durch die Lücken zwischen den Gebäuden erscheint.

1 HIGH LINE

must-see

18TH ST / 10TH AVE 19 Chelsea ist voller riesiger Street-Art-Wandgemälde. Wenn ich mich auf nur ein Mural beschränken müsste, das man unbedingt gesehen haben muss, wäre es das ⟵ **Tolerance-Mural** von Kobra. Es befindet sich an der Ecke 18th Street und 10th Avenue und zeigt Mahatma Gandhi und Mutter Teresa. Sehr beeindruckend! Du kannst es von der High Line aus wunderbar fotografieren.

perfect pic

must-see
20 HUDSON YARDS 2

shopping
HUDSON YARDS 10

delicious
HUDSON YARDS 4 - 6

Wenn du die High Line in Richtung uptown läufst, kommst du zu einem außergewöhnlichen Gebäude, das aussieht wie ein gigantischer Bienenstock: ⟵ **The Vessel**. Wahrscheinlich findet man es unvergleichlich schön oder aber potthässlich. Ich bin eindeutig Team wunderschön. Einfach, weil es eben so besonders ist. Das Bauwerk besteht komplett aus Treppen, und obendrauf ist eine Aussichtsplattform. Direkt beim Vessel ist eine der wenigen Malls in New York City: ⟵ **Hudson Yards**. Hast du auch instantly einen Ohrwurm von Robin Sparkles? »Let's go to the maaaall, todayyy.« Wenn du Lust auf eine typische amerikanische Mall hast, muss ich dich aber leider enttäuschen. Dafür ist Hudson Yards zu sehr wie aus dem Ei gepellt und mit eher teuren Shops versehen. Ich statte aber öfter ⟵ **Dylan's Candy Bar** einen Besuch ab, um mir eine wunderbare Naschitüte zusammenzustellen, benutze den äußerst sauberen Public Restroom und hole mir was bei ⟵ **Magnolia Bakery** oder ⟵ **Van Leeuwen Ice Cream**. Beides sind New Yorker Originale, die mittlerweile zwar viele Standorte in der Stadt (und im ganzen Land) verteilt haben, aber dennoch völlig zu Recht so berühmt sind.

The Vessel sieht aus wie ein Bienenstock. Wahrscheinlich findet man es wunderschön oder potthässlich. Ich bin Team wunderschön.

Foto Spots auf der High Line

Ich nehme mein Stück Pizza immer mit hoch zur High Line, da es genau bei der Pizzeria Artichoke Basille's einen ⟵ **Street Overlook** gibt, eine Art Treppe mit Stufen zum Sitzen und Verweilen. Hier kannst du nicht nur durch eine Glasfront von oben das bunte Treiben auf der Straße beobachten, sondern auch ein sehr cooles Foto machen.

456 HIGH LINE 20

perfect pic

Sorry, manche Hypes muss man einfach mitmachen, und ich sage euch: Sowohl der Banana Pudding der Magnolia Bakery als auch die Pumpkin Cheesecake ft Graham Cracker Ice Cream von Van Leeuwen sind jede Sünde wert. Mir läuft das Wasser im Mund zusammen, während ich das nur schreibe.

Am anderen Ende der High Line findest du das ⟶ **Whitney Museum of American Art**. Genau genommen gehört das Museum schon zum Meatpacking District, aber so pingelig will ich nicht sein. Für mich ist es eines der coolsten Museen in New York, vor allem, weil ich total auf Edward Hopper stehe. Außerdem hat man von der Terrasse eine hervorragende Aussicht auf die Stadt.

22 99 GANSEVOORT ST
fun

A pizza a day keeps the doctor away? Na ja, oder so ähnlich. Pizza by the slice ist definitiv das kulinarische Markenzeichen der Stadt. In New York findest du an jeder Ecke Pizzaläden, die dir ein Stück für 99 Cent verkaufen. Bei ⟶ **Artichoke Basille's** kostet das Slice zwar deutlich mehr, es ist dafür aber auch wirklich unfassbar gut. Probiere unbedingt das Artichoke Slice, es ist riesig groß, geht gerade noch so als Slice durch und bereitet dir eine unvergleichliche Geschmacksexplosion, versprochen. Käsige helle Soße mit Spinat und Artischocke. So delicious! Artichoke Basille's ist direkt an der High Line gelegen und wird von einem coolen Street-Art-Gemälde mit dem Sesamstraßen-Krümelmonster neben dem Eingang geschmückt.

7 114 10TH AVE
delicious

Wie? Du hast immer noch Hunger? No problem. Nur wenige Meter weiter findest du einen der wohl bekanntesten Indoor-Foodmärkte, den ⟶ **Chelsea Market**. Fun fact: Ursprünglich war hier eine Fabrik, in der zum Beispiel der berühmte Oreo-Keks hergestellt wurde. Die Auswahl im Markt ist unglaublich, und du kannst bei keinem Restaurant etwas falsch machen. Besonders empfehlen kann ich aber ⟶ **Los Tacos No. 1**. Ein familiengeführtes, superauthentisches mexikanisches Restaurant mit den mit Abstand besten Tacos der Stadt. Hmmmm … dieser Shrimp-Taco … ohne Worte! Während du bestellst, musst du kurz überlegen, ob du nicht in Mexiko gelandet bist. Außerdem gibt es preiswerte und sehr frische Austern. Ich habe gehört, dass die sehr beliebt sind, ich war aber nicht so begeistert, für mich haben sie einfach nach Salzwasser geschmeckt.

11 75 9TH AVE
shopping

8 75 9TH AVE
delicious

REAKFAST & LUNCH
Pick up 6467278855
CHEESEBURGER
EGG & BACON
Coffee
HONDA
Conve
OPEN
For All

MESSIAH
Store
3D75
EM IRE

Im Chelsea Market gibt es wirklich alles – sogar crazy Lichtinstallationen. Ich setz mich gerne mit einem Drink in die Outdoor Area.

Weil während der Corona-Pandemie Indoor-Plätze nicht erlaubt waren, wurde rund um den **Chelsea Market** eine ganz tolle überdachte Outdoor Area eingerichtet, mit vielen Sitzbänken, an denen du deine Leckereien und Drinks verzehren kannst. Überhaupt hat sich seit 2020 einiges verändert: In ganz New York kannst du jetzt deutlich mehr draußen sitzen als zuvor. Ich persönlich liebe das. Im Straßenlärm und im wilden Getümmel ein überteuertes Glas Wein trinken! Toll!

magic moment

shopping

Im Chelsea Market gibt es wirklich alles: Bäckereien, Coffee Shops, Spirituosenläden – you name it. Neben unzähligen leckeren Restaurants findest du auch einige Shops, durch die du bummeln kannst. Zum Beispiel

88 10TH AVE 12 ⟵ **Artists & Fleas**, eine Art Flohmarkt, wo Künstler*innen ihre selbst designte Kleidung, eigenen Schmuck oder Prints anbieten.

75 9TH AVE 9 Meine Lieblingsbäckerei ist ⟵ **Amy's Bread** – die ist mir aber ehrlicherweise hauptsächlich im Gedächtnis geblieben, weil ich dort einen Plain Bagel nach einem schrecklichen Magen-Darm-Virus aß. Das Erste, was ich nach drei Tagen wieder bei mir behalten konnte – und er war unvergleichlich köstlich. Hey, ihr wolltet meine New-York-Erlebnisse, und dieses gehört halt dazu: Ich bin über die Jahre wirklich durch dick und dünn mit dieser Stadt gegangen, vermutlich fühle ich mich hier auch deswegen fast wie zu Hause.

delicious

439 W 15TH ST 21 Ein Highlight innerhalb des Chelsea Market ist das ⟵ **Artechouse.** Eine Kunstausstellung, die Lichtillusionen auf eine Wand projiziert. Es ist wie eine optische Täuschung, die sich unter dir, über dir und komplett um dich herum abspielt. Du bist mittendrin. Ich habe so etwas vorher noch nie gesehen und fand es wirklich sehr

perfect pic

beeindruckend. Außerdem kannst du sehr coole Fotos machen. Ich habe bestimmt eine Stunde auf dem Boden gesessen und einfach nur die Wände bestaunt.

Wenn du vom Chelsea Market zum Hudson River läufst, siehst du das nächste seltsame Bauwerk. Eine künstliche Insel, die auf Pfosten aus dem Wasser ragt: ⟶ **Little Island**. Diese grüne urbane Oase muss unbedingt auf deine Bucket List. Neben coolen Gimmicks wie Fliesen, die Musik spielen, wenn du mit den Füßen auftrittst, gibt es auch hier eine tolle Aussicht auf die Skyline. Little Island gehört zum Hudson River Park, der sich entlang der Waterfront über halb Manhattan erstreckt. Es gibt zum Beispiel auch einen Pier mit Skatepark (Pier 62) oder mehrere Piers mit Bänken (Pier 57 oder Pier 65), um die Sicht auf das Wasser und New Jersey zu genießen.

15 PIER 55, W 13TH ST

chill

Bist du am Wochenende unterwegs? Dann empfehle ich dir den ⟶ **Chelsea Flea**. Mehr oder weniger zufällig bin ich irgendwann einmal auf diesen bunten Straßenflohmarkt gestoßen, auf dem die Händler*innen wirklich die verrücktesten Dinge anbieten. Von Klamotten über Kunst bis hin zu Schmuck und absolutem Trödel, hier ist alles dabei. Du wirst es vielleicht nicht glauben, aber der Jazz spielenden M&M-Figur, die ich damals nicht gekauft habe, trauere ich bis heute nach. Genau das liebe ich an New York: Du schlenderst durch die Straßen, lässt dich treiben und kannst von einem Abenteuer ins nächste stolpern. Es ist einfach eine herrliche Entdeckungstour, bei der man sich gar nicht langweilen kann.

13 29 W 25TH ST

shopping

Der Chelsea Market ist einer der bekanntesten Indoor-Food-märkte New Yorks. Zu Recht. Hier findest du Restaurants, Bäckereien, Cafés, Spirituosen-läden, Shops – you name it.

Artsy District

Die Little Island im Hudson River muss unbedingt auf deine Bucket List: eine grüne Oase mit lustigen Gimmicks, zum Beispiel Fliesen, die Musik spielen, wenn du mit den Füßen auftrittst.

You are part of it

Ein bisschen uptown von hier stößt du auf den **Herald Square**. Ein sehr belebter und wuseliger Platz, an dem man so toll das bunte Treiben der Tourist*innen und New Yorker*innen beobachten kann, während man sich von einem der Food Trucks etwas Leckeres zu essen kauft. Das ist generell etwas, was ich an New York schätze: die Community Spaces. An jeder Ecke werden Sitzmöglichkeiten aufgebaut, an denen die Menschen ihren To-go-Lunch futtern oder einfach abhängen können. Ich war einmal im Winter in New York, als ein wilder Blizzard getobt hat. Ich ignorierte die dringende Empfehlung der News, einfach drinnen zu bleiben, habe mir meine dickste Jacke und meine nicht schneetauglichen Schuhe angezogen und bin rausgegangen, um mir einen Kaffee zu holen. Ich habe die Stadt noch nie so leer gesehen, keine Menschen und keine Autos auf den Straßen. Ich habe mir meinen Weg zum Herald Square gebahnt. Mit einem verschneiten Blick auf das Empire State Building stand ich einfach nur da, habe Kaffee getrunken und die Stille genossen.

magic moment

Direkt um die Ecke vom Herald Square gibt es eine tolle Shopping Area. Hier findest du alle möglichen Läden – aber vor allem den größten ⟶ **Macy's** der Welt. Es ist gleichzeitig das größte Kaufhaus in New York und erstreckt sich über mehrere Häuserblocks. Du findest dort alles, was du suchst – oder auch nicht suchst. Von Bekleidung über Drogerieartikel bis hin zu Kochutensilien. Selbst wenn du nichts kaufen möchtest, macht es Spaß, hier einfach mal durchzuschlendern.

14 151 W 34TH ST

shopping

Shopping Area

4 PENNSYLVANIA PLAZA 23

fun

Man kann kein Kapitel über Chelsea schreiben, ohne den ⟵ **Madison Square Garden** zu erwähnen, die berühmteste Arena der Welt. Eine riesige Eventlocation inmitten der Stadt, in der rund 20 000 Menschen Platz finden. Hier tragen die örtlichen Sportteams Rangers (Eishockey) und Knicks (Basketball) ihre Heimspiele aus, es gibt Boxkämpfe, Konzerte und andere spektakuläre Shows. Die meisten der bekanntesten New Yorker Events fanden (und finden) hier statt, zum Beispiel 1971 der »Fight of the Century« zwischen Muhammad Ali und Joe Frazier oder 2001 das »Concert for New York City« nach den Anschlägen vom 11. September. Ich komme bei jedem New-York-Besuch einmal her, um das New Yorker Team anzufeuern, dessen Sportart gerade in Season ist. Ich ziehe mir dann das passende Trikot an, bekomme Gänsehaut, wenn die Nationalhymne gesungen wird, applaudiere, wenn es mal wieder einen Heiratsantrag gibt, und gröle wie ein Local mit. Außerdem hatte ich hier bei einem Rangers-Game mal eine der besten Veggie-Bratwürste überhaupt. Das kulinarische Angebot ist generell riesig: Pizza, Hotdogs, Spare Ribs, Pommes, Popcorn, Ice Cream, Chicken Wings und und und. Alles superamerikanisch natürlich, aber das gehört zu einem Event ja dazu. Also mach dir noch etwas Extra-Butter auf dein Popcorn, lehn dich zurück und genieß das Spektakel.

drinks

49 W 27TH 16

315 7TH AVE 17

EINGANG: 162 W 28TH ST

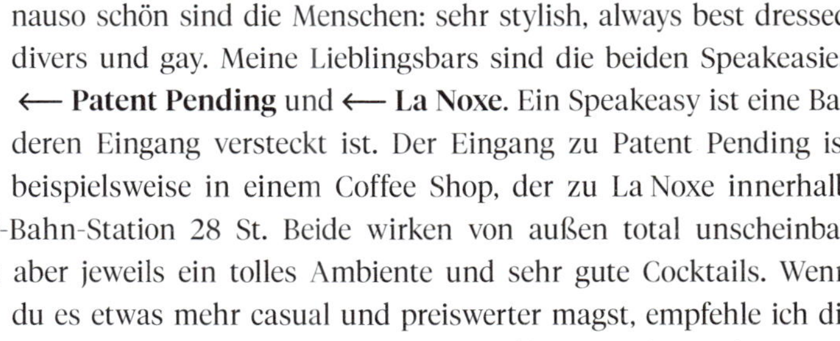

Hast du danach noch Lust auf einen Absacker-Drink? Das Nachtleben in Chelsea ist supervielseitig und bunt. Es gibt unfassbar schöne Bars. Genauso schön sind die Menschen: sehr stylish, always best dressed, divers und gay. Meine Lieblingsbars sind die beiden Speakeasies ⟵ **Patent Pending** und ⟵ **La Noxe**. Ein Speakeasy ist eine Bar, deren Eingang versteckt ist. Der Eingang zu Patent Pending ist beispielsweise in einem Coffee Shop, der zu La Noxe innerhalb der U-Bahn-Station 28 St. Beide wirken von außen total unscheinbar, haben aber jeweils ein tolles Ambiente und sehr gute Cocktails. Wenn du es etwas mehr casual und preiswerter magst, empfehle ich dir ⟵ **Barcade**. Es gibt superleckere Craftbiere und, wie der Name bereits verrät, Oldschool-Arkadenspiele. Von Pacman bis Flipper – hier findest du zahlreiche Spielautomaten, in denen du deine Quarter Pennies verzocken kannst. Enjoy!

148 W 24TH ST  18

drinks

Die berühmteste Arena der Welt

Ich gehe jedes Mal in den Madison Square Garden, zieh mir das passende Sportjersey an, gönn mir Popcorn mit Butter und fiebere mit.

QUEER LIFE *in New York*

Das Stonewall Inn ist wie eine Gay Church – hierher kommen Menschen, um zu trauern, um nicht allein zu sein, aber natürlich auch, um zu feiern.

WHERE PRIDE BEGAN

Man kann kein Kapitel über queere Spots in New York schreiben, ohne an dem Ort zu starten, an dem ein wesentlicher Grundstein für die Rechte der LGBTQIA+-Community gelegt wurde. Ein Grundstein, der weltweit viele weitere Steine ins Rollen brachte. Aber ich beginne am besten ganz von vorne.

Das **Stonewall Inn** ist eine Bar in der Christopher Street im West Village. Wir springen in den Sommer 1969. Zu jener Zeit waren homosexuelle Handlungen in den USA (und den meisten anderen Orten der Welt) noch illegal. Selbstverständlich waren auch Schwulen- und Lesbenbars verboten, daher traf sich die Community heimlich. Die Polizei führte regelmäßig Razzien in Bars und Clubs durch, um Menschen wegen des Tragens von »nicht geschlechtsspezifischer Kleidung« oder des Verdachts auf »unmoralisches Verhalten« festzunehmen. In der Nacht vom 27. auf den 28. Juni 1969 wollte die Polizei auch das Stonewall Inn durchsuchen und schließen. Statt sich zu fügen, leisteten die Besucher*innen der Bar und die Unterstützer*innen vor der Bar in dieser Nacht Widerstand. Es gab über Tage hinweg gewaltsame Auseinandersetzungen, die als Stonewall Riots weltweit bekannt wurden. Es war ein Wendepunkt für die LGBTQIA+-Community und deren Rechte. Noch heute feiern Menschen auf der ganzen Welt im Juni den Pride Month und in Deutschland im Sommer den Christopher Street Day, um sich für die Gleichberechtigung queerer Menschen einzusetzen.

Während ich das hier schreibe, bekomme ich als selbst »betroffene« Person Gänsehaut. Ich werde nie vergessen, wie ich zum ersten Mal das Stonewall Inn betrat. Es ist ein dermaßen historischer und wichtiger Ort, und dieses Gefühl wird einem instantly vermittelt. Das Interieur ist rustikal, in der Mitte steht ein Billardtisch, und an den Wänden hängen Fotos von früher. Auch heute feiern hier alle zusammen, jeder und jede ist willkommen, und das wird sehr authentisch vermittelt. Ich empfehle jeder (auch nicht queeren) Person einen Besuch – und hey, das Bier schmeckt auch ganz großartig.

Ich hatte das große Privileg, bei meinem letzten Besuch in New York die derzeitigen Besitzer*innen des Stonewall Inn kennenzulernen: Shelby und Kurt. Die beiden kauften 2006 die damals bankrotte Bar, die einem Starbucks hätte weichen sollen. Sie sammelten Spenden, um diesen historischen Ort zu retten. Und sie gründeten die gemeinnützige Stonewall Inn Gives Back Initiative (SIGBI), die sich vor allem für die Menschen der Community einsetzt, die fernab der toleranten oder urbanen Areas der USA leben. In Zusammenarbeit mit anderen Organisationen leistet SIGBI wichtige Bildungsarbeit zum Schutz und zur Unterstützung der LGBTQIA+-Community.

Shelby und Kurt erzählten von dem Tag im Jahre 2015, an dem in den USA die Gay Marriage legalisiert wurde. Wie Tausende Menschen zum Stonewall strömten, sich in den Armen lagen und gemeinsam auf den Straßen New Yorks feierten. »Das Stonewall ist quasi eine Gay Church – ein Ort, an den Menschen zum Trauern kommen, um nicht alleine zu sein, aber natürlich auch, um zu feiern.« Ein Moment blieb Kurt besonders in Erinnerung – ein Polizist trat zu ihm, gratulierte zur Öffnung der Ehe und sagte: »If there's anything I can do for you guys let me know!« Kurt erzählt dies mit feuchten Augen und lächelt: »Fifty years ago they were arresting us, now they are willing to fight for us!« Wie die beiden so voller Herzblut von diesem historischen Ort erzählen, hat mich nicht nur ein paar Tränen der Rührung verdrücken lassen, sondern mir noch einmal aufs Neue die unvergleichliche Bedeutung solcher Safer Spaces signalisiert.

Als Nächstes möchte ich euch von meiner absoluten Lieblingslesbenbar erzählen: dem **Cubbyhole**. Die Bar ist wirklich sehr auffällig eingerichtet. Die ganze Decke ist kunterbunt mit den verschiedensten Pieces dekoriert. Mit den unzähligen Quietscheenten, Stofftieren, Girlanden, Piñatas und Lampions ist das Cubbyhole ein Hingucker und wohltuend anders als all die cleanen und schicken Bars im Village. Die meisten meiner New Yorker Freundinnen habe ich hier kennengelernt. Bei einem meiner ersten New-York-Trips vor vielen Jahren bin ich einfach alleine hingegangen. Ich habe mir einen Cocktail bestellt und von einer Ecke aus die feiernden Menschen beobachtet. Es wirkte so familiär, so gemütlich, so voller guter Laune – ich habe mich direkt wohlgefühlt. Nach kurzer Zeit kam eine blonde Frau zu mir und stellte sich als Nici vor. Sie sagte, dass sie gesehen habe,

Gay friendly NYC

Weltweit feiern Menschen auf der ganzen Welt im Juni den Pride Month, der an die Stonewall Riots von 1969 erinnert.

Das Cubbyhole ist meine favorite Lesbenbar. Die meisten meiner New Yorker Freundinnen habe ich hier kennengelernt.

dass ich alleine da sei und ob ich nicht Lust hätte, mit ihr und ihren Freundinnen zu feiern. Ich fand die Geste wirklich super und habe mich zu der Gruppe gesellt. Wir hatten einen unglaublichen Abend, und seitdem treffen wir uns jedes Jahr wieder. Meistens bestellen wir uns Essen dorthin, wünschen uns Lieder an der Jukebox und haben einfach eine gute Zeit.

Eine weitere Bar, die ich euch vorstellen möchte, ist **Ginger's Bar** im wunderschönen Brooklyner Stadtteil Park Slope. Sie ist von der Atmosphäre her etwas entspannter als das Stonewall Inn oder das Cubbyhole und deutlich geräumiger. Hier kann man auch einfach zum Chillen hingehen. Dazu lädt vor allem der kleine Biergarten im Hinterhof ein, der bei gutem Wetter geöffnet ist. Man kann sich sogar Essen mitbringen und es hier futtern. Mich erinnert Ginger's ein bisschen an einen Irish Pub, nicht nur, weil es gelegentlich Karaoke Nights gibt, sondern auch aufgrund des urigen Interieurs. Ein Billardtisch und eine großartige Tapped-Beer-Auswahl machen deinen Besuch perfekt.

Henrietta Hudson in Greenwich Village ist zwar eine Bar, aber sie geht schon fast als Club durch. Sie ist noch mal deutlich größer als die vorherigen Spots. Ab einer gewissen Uhrzeit legt immer ein DJ oder eine DJane auf, dann hält es niemanden mehr auf seinem Hocker. Hier wird getanzt und gefeiert, was das Zeug hält, in einer Atmosphäre, die alle mitreißt und sich willkommen fühlen lässt. Ich habe hier meinen 30. Geburtstag gefeiert und erleben dürfen, wie mir der ganze Club ein Geburtstagsständchen gesungen hat. Ein unvergesslicher Abend.

Erst seit Kurzem gibt es das **Oddly Enough** auf einer belebten Straße in Bedford-Stuyvesant (Brooklyn). Der Stadtteil wurde vor allem in den letzten Jahren populär und entpuppt sich gerade neben Williamsburg als Hipster Paradise. Ich habe zufällig die beiden Besitzerinnen Laura und Caitlin kennengelernt, da wir eine gemeinsame Freundin haben. Ich traf sie in ihrem Zuhause. Ein wunderschönes kleines Häuschen in einer Seitenstraße der Tompkins Avenue, mitten im Herzen von Bedford-Stuyvesant. Im gemütlichen Wohnzimmer brannte ein Räucherstäbchen ab. Pedro, der kleine Hund, schlief neben mir auf dem Sofa. In jeder Ecke gab es etwas zu entdecken, von extravaganter Kunst bis zu bunten Teppichen. Laura und Caitlin sind Ex-Partnerinnen (natürlich, haha – so läuft das in der lesbian World) und haben sich mit der Eröffnung der Bar einen Traum verwirklicht. In der Zeit des harten Covid-Lockdowns wurden die Bedingungen in New York so »intense« und »dramatic«, dass sie wie viele andere aus der Stadt geflüchtet sind. Sie kamen bei Verwandten in Massachusetts unter, wo sie einen Weinshop eröffneten. Die Menschen trafen sich dort, um Wein zu kaufen (ein gängiges Hobby während Covid, um einfach mal das Haus verlassen zu können). So entstand nach und nach ein Ort, an dem man für kurze Zeit plaudern und die Welt draußen vergessen konnte. Mit Regenbogenflaggen vor der Tür signalisierten die beiden den Besucher*innen, dass dies ein Safer Space ist. Irgendwann wurde die Sehnsucht nach der City zu groß, und sie entschieden sich, zurückzukehren und einen ähnlichen Spot in New York zu eröffnen. Beide waren schon lange im Gastgewerbe tätig. Sie wussten, dass es ihre große Leidenschaft ist, dass es nicht um Drinks geht, sondern um einen Ort, an den Menschen nach Feierabend kommen können. Oddly Enough ist zwar eine lesbische Bar, aber gleichzeitig auch ein Community Space, wo die Menschen aus der Nachbarschaft gerne Zeit verbringen. Locals! Das Publikum ist gemischt. Jeder und jede ist hier willkommen. »There are a lot of problems in New York City, but adding a queer space is a good thing!«, sagen die beiden und beschreiben, wie die Stammgäst*innen mit der Zeit aufgeblüht sind. Ich erinnere mich an meine ersten Besuche in queeren Etablissements und bekomme Gänsehaut.

Auch wenn die meisten Spots, die ich euch hier empfehle, im Village liegen, ist Chelsea die populärste Gay Neighborhood.

Bei meiner Frage »Warum New York, was liebt ihr an dieser Stadt?« werden die beiden sehr emotional. Sie beschreiben ein Gefühl, das auch mir sehr bekannt ist. »If you feel weird, you're never the weirdest. Du kannst sein, wer auch immer du sein möchtest!« Laura erzählt, dass sie schon an verschiedenen Orten auf der Welt gelebt habe, aber New York die einzige Stadt sei, in die sie zurückgekommen sei. »Es ist die Stadt, in der ich mein Coming-out hatte. Du kannst dich hier verlieren und wirst dennoch gefunden. Du kannst in der Öffentlichkeit weinen. Es ist sicher. Jeder ist da für dich, wenn du ihn brauchst, aber man lässt dir auch deinen Raum.« Caitlin nickt zustimmend: »Du wirst von allen gehalten! Alle sind am Struggeln auf ihre Weise. Aber diese kleinen Begegnungen und Momente sind wie Diamanten. Es gibt so viele Menschen, so viele Möglichkeiten, die dir das Gefühl vermitteln, du gehörst hierhin.«

Seid ihr im Sommer in New York und habt vielleicht ein paar Tage länger Zeit? Dann empfehle ich euch den **Riis Park Beach** in Queens. Es ist ein Strandabschnitt mit wunderbar weißem Sand, der als queerer Beach deklariert ist. Hier könnt ihr ungestört baden und euch sonnen. Und gibt es einen schöneren Ort für Daydrinking?

Um deine Gay Experience in New York abzurunden, abschließend noch ein paar heiße Tipps, die mir meine Local Queers gegeben haben. Einen Besuch wert ist zum Beispiel das **Julius'** – New Yorks älteste Gay Bar. Sie liegt in Greenwich Village und existiert bereits seit 1864, eine offizielle LGBTQIA+-Bar ist sie aber erst seit den 1960er-Jahren.

Für Kulturinteressierte ist das **Leslie-Lohman Museum of Art** in SoHo ein Muss. Es ist sowohl ein Museum mit queerer Kunst als auch ein Safer Space und ein Ort für Empowerment der Community. Der Eintritt ist kostenlos, man kann allerdings eine Spende abgeben. Für wilde Partynächte sorgt das **House of Yes**, ein Club in Bushwick (Brooklyn) mit queeren Partys und spektakulären Dragshows.

Ich könnte noch so viele weitere Orte aufzählen, das hier waren wirklich nur meine absoluten Favorites. Auch wenn die meisten Spots, die ich euch empfohlen habe, im Village liegen, ist **Chelsea** die wohl populärste Gay Neighborhood. Mit seinen vielen Galerien, Gay Bars, Comedy Clubs, gay friendly Businesses und Regenbogenflaggen an jeder Ecke zieht es die Community wie magisch an. Mehr darüber findet ihr im Kapitel Chelsea (Seite 30).

Aber auch ganz generell ist New York eine der Gay friendliest Städte der Welt. Hier ist jeder und jede willkommen. Und noch viel mehr als das: New York ist der Inbegriff von Diversität. Man gehört einfach irgendwie dazu. »Come as you are« hat hier noch einmal eine ganz andere Bedeutung, denn es juckt wirklich niemanden, wie du hier rumläufst, wen du küsst oder welches Beziehungsmodell du lebst. Ich habe das selbst erlebt: Für mich war New York der allererste Ort überhaupt, an dem ich mich grenzenlos frei gefühlt habe.

Locations

STONEWALL INN:
53 CHRISTOPHER ST
@STONEWALLGIVES
STONEWALLINITIATIVE.ORG

CUBBYHOLE:
281 W 12TH ST

GINGER'S BAR:
363 5TH AVE

HENRIETTA HUDSON:
438 HUDSON ST

ODDLY ENOUGH:
397 TOMPKINS AVE

RIIS PARK BEACH:
157 ROCKAWAY BEACH BLVD

JULIUS':
159 W 10TH ST

LESLIE-LOHMAN MUSEUM OF ART: 26 WOOSTER ST

HOUSE OF YES:
2 WYCKOFF AVE

WEST VILLAGE

ONE WAY
WRONG

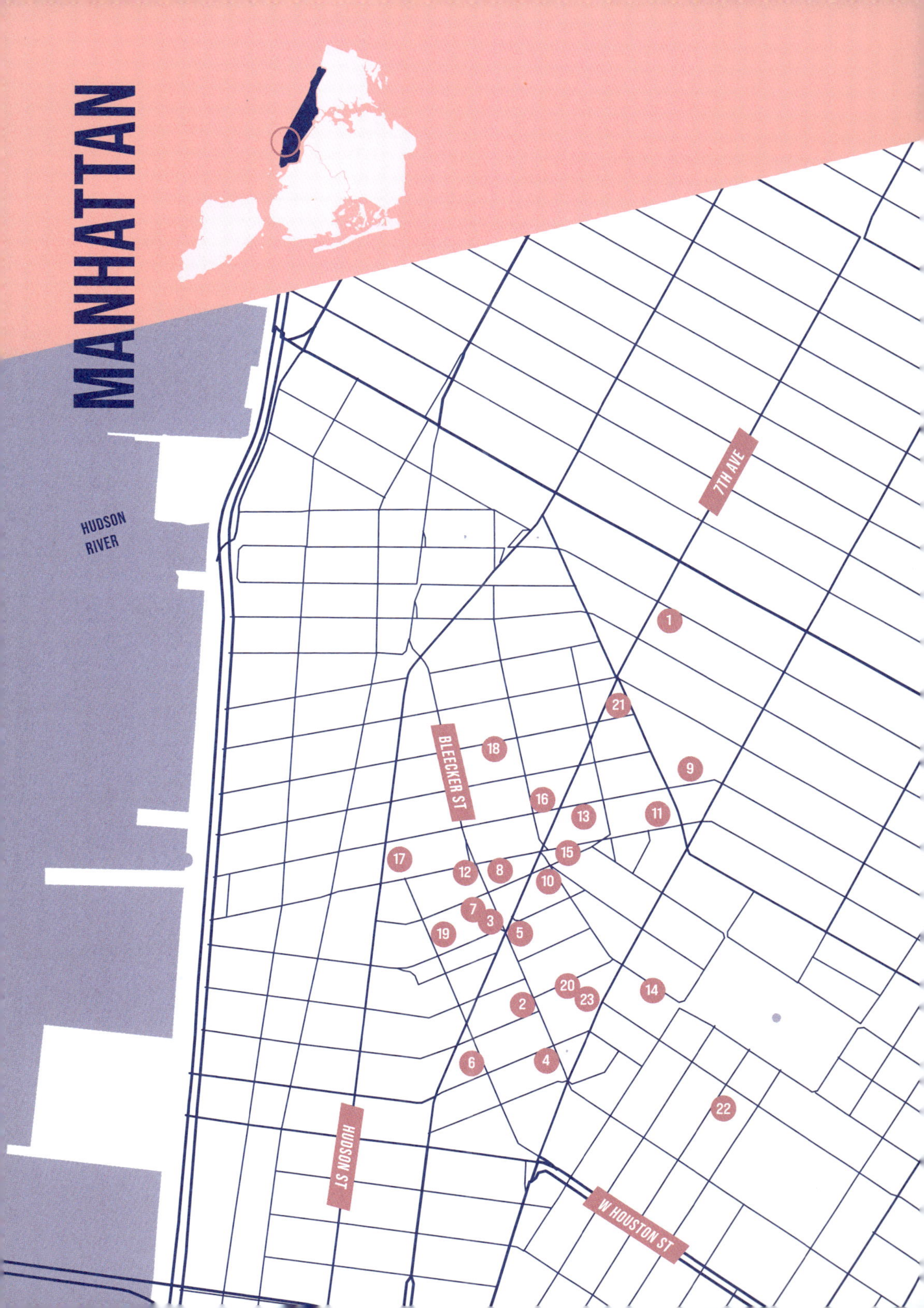
MANHATTAN
HUDSON RIVER
7TH AVE
BLEECKER ST
HUDSON ST
W HOUSTON ST
1
2
3
4
5
6
7
8
9
10
11
12
13
14
15
16
17
18
19
20
21
22
23

WEST VILLAGE

So delicious

But first coffee

Let's go shopping

Chill out

Drinks, drinks, drinks

Perfect pic

Fun things do to

The dreamiest of all villages

West Village – von vielen liebevoll »the Village« genannt – ist mit seinen charmanten Townhouses und kleinen Alleen eine meiner favorite Neighborhoods. Es ist das Zuhause der Queers, aber dafür haben wir ja ein Extrakapitel (Seite 50). Deshalb stelle ich dir hier andere wunderbare Spots vor. Wenn ich mir einen Ort in New York aussuchen müsste, an dem ich gerne leben würde, wäre es wohl dieser. Also dafür müsste ich erst einmal im Lotto gewinnen, aber you get the point. Das ganze Village ist hübsch begrünt, hat tolle Restaurants, kleine Weinläden, schicke Boutiquen und schlichtweg alles, was du brauchst, um hier einen einzigartigen Tag zu verbringen. Die belebte Atmosphäre ist sowohl bei Touris als auch bei Locals beliebt. Zudem ist das Village sehr sicher und recht überschaubar, sodass du easy alles zu Fuß ablaufen kannst. Habe ich dich überzeugt?

Here we go ...

Im schicken Village ist eine Straße bezaubernder als die andere. Zu Feiertagen putzt sich das ganze Viertel wunderschön heraus.

Das West Village präsentiert dir unzählige Fotospots. Zum Beispiel die queeren Statuen im Chistopher Park.

11 7 GREENWICH AVE

coffee

Wir starten unseren Sightseeing-Tag durchs Village mit einem köstlichen Kaffee bei ⟶ **Rosecrans Florist & Cafe.** Dieses Café ist so besonders, weil es gleichzeitig ein Blumenladen ist. Wie toll ist bitte die Idee, Blumen und Kaffee zu kombinieren? Wie sollte man sich hier nicht instantly wohlfühlen? Du kannst außerdem richtig schön draußen sitzen, da die Straße recht ruhig ist, und ausgiebig die vorbeilaufenden Menschen beobachten, während du deinen Kaffee genießt.

1 162 W 13TH ST STORE 1

delicious

Zum Frühstücken empfehle ich dir ⟶ **Bagel RX** ein paar Straßen weiter. Zum einen, weil es hier wirklich die köstlichsten Bagel-Variationen gibt, und zum anderen, weil ein Bagel zum Frühstück einfach der New York Way of Life ist. New Yorker*innen essen ihren Bagel klassisch mit Cream Cheese (Bagel n Schmear) oder koscher mit geräuchertem Lachs (Lox Bagel). Der Peanut Butter Jelly Bagel ist allerdings mein absoluter Fave. Ich bin einfach eine Süßmaus. Natürlich hat der Laden auch eine riesige Auswahl an Toppings, du kannst dich total austoben.

15 38–64 CHRISTOPHER ST

Schnapp dir deinen Bagel to go und setz dich in den denkwürdigen ⟶ **Christopher Park.** Er liegt direkt gegenüber der legendären Bar Stonewall Inn in der Christopher Street und bietet neben einigen Parkbänken zwei fotografierenswerte Statuen, die je ein lesbisches und ein schwules Paar darstellen. Sie erinnern an die Stonewall Riots von 1969. Ich durfte übrigens die beiden äußerst sympathischen heutigen Besitzer*innen des Stonewall Inn, Shelby und Kurt, kennenlernen. Mehr über sie, die Bar und ihre großartige Stiftung findest du im Kapitel »Queer Life in New York« (Seite 50).

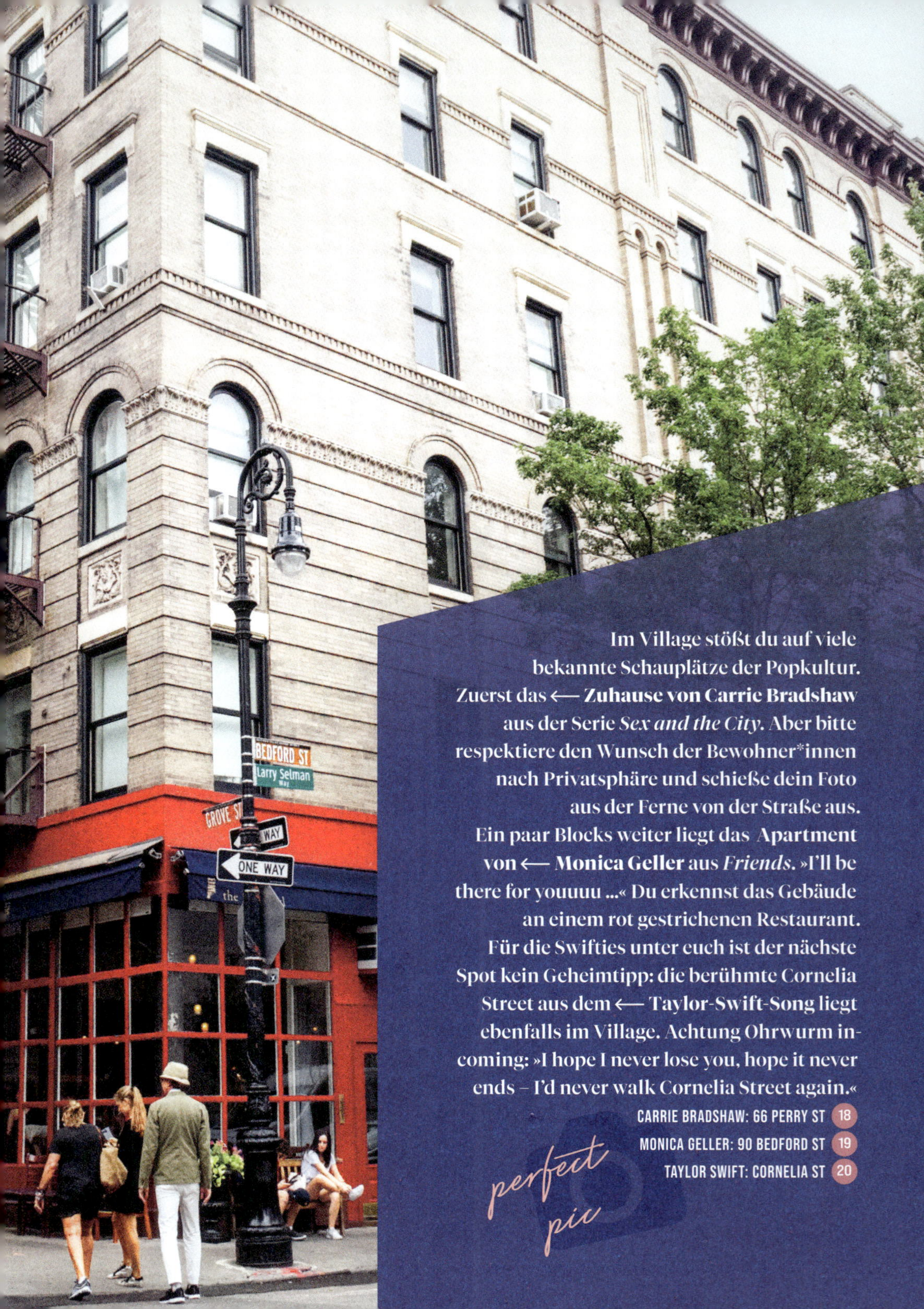

Im Village stößt du auf viele bekannte Schauplätze der Popkultur. Zuerst das ← **Zuhause von Carrie Bradshaw** aus der Serie *Sex and the City*. Aber bitte respektiere den Wunsch der Bewohner*innen nach Privatsphäre und schieße dein Foto aus der Ferne von der Straße aus. Ein paar Blocks weiter liegt das **Apartment von ← Monica Geller** aus *Friends*. »I'll be there for youuuu …« Du erkennst das Gebäude an einem rot gestrichenen Restaurant. Für die Swifties unter euch ist der nächste Spot kein Geheimtipp: die berühmte Cornelia Street aus dem ← **Taylor-Swift-Song** liegt ebenfalls im Village. Achtung Ohrwurm incoming: »I hope I never lose you, hope it never ends – I'd never walk Cornelia Street again.«

CARRIE BRADSHAW: 66 PERRY ST 18
MONICA GELLER: 90 BEDFORD ST 19
TAYLOR SWIFT: CORNELIA ST 20

perfect pic

magic moment

Während du so durch die Straßen bummelst und die schönen mit Efeu begrünten Backsteingebäude bewunderst, wirst du dich bestimmt bei dem Gedanken ertappen: »Oh, mein Gott, wie süß kann es sein? Wieso wohne ich eigentlich nicht hier?« Eine Straße bezaubernder als die andere. Besuche unbedingt die **Grove Street**, für mich ist sie eine der schönsten Straßen der Stadt. Besonders toll ist es im Village, wenn sich die Neighborhood zu Feiertagen herausputzt. Zu Halloween etwa stehen auf den Treppen geschnitzte Kürbisse. Zu Weihnachten hängen Girlanden und Kränze über den Türen. Selbst am Valentinstag lassen sich die Einwohner*innen etwas einfallen.

Zum Bummeln kann ich dir die **Bleecker Street** empfehlen: Süße Boutiquen, kleine Cafés, und wenn du Glück hast, fährt auch eine skateboardende Bulldogge an dir vorbei – no Joke! Ich liebe besonders den Magazin-Laden ⟶ **Whalebone.** Hier kannst du ganz herrlich stöbern und dir ein hübsches Magazin mit New-York-Aufdruck als Souvenir sichern. Richtig toll ist auch ⟶ **Murrey's Cheese** – ein unfassbar gut sortierter Delikatessenladen, in dem du nicht nur unzählige Sorten an leckerem Käse, sondern auch andere Feinheiten wie Antipasti und Weine bekommst. Ich decke mich hier immer ein und mache eine Brotzeit, wenn ich mal keine Lust auf american Fast Food habe.

shopping

12 328 BLEECKER ST

2 254 BLEECKER ST

delicious

Wenn du jetzt unterzuckert bist und etwas Süßes brauchst, geh unbedingt zu ⟶ **Chip City** und schnapp dir einen köstlichen Cookie. Chip ist immer einer meiner ersten Abstecher, wenn ich wieder in der Stadt bin. Beim ersten Besuch habe ich mich total überschätzt und gleich drei Cookies mitgenommen, weil ich mich nicht entscheiden konnte und alle Sorten so unfassbar gut aussahen. Wenn du mehr der Cupcake-Typ bist, kann ich dir ⟶ **Molly's Cupcakes** empfehlen. Der Cake Batter Cupcake lässt dir das Wasser im Mund zusammenlaufen.

delicious

3 298 BLEECKER ST

delicious

4 228 BLEECKER ST

Natürlich bekommst du auch dein daily Pizza Slice in dieser Straße. Bei ⟶ **Bleecker Street Pizza** gibt es köstliche Squares und Slices direkt auf die Hand. Es ist ein seit Generationen familiengeführter Laden, in dem die toskanische Pizza noch nach Nonnas Rezept zubereitet wird. The New York Way ist es übrigens, das Pizzastück in der Mitte zu falten und dann zu verdrücken. Yum! Ich kann diesen Laden absolut anpreisen.

5 69 7TH AVE S

delicious

BE MY
BABY

3-23-23
I make
her mind
wet
@7SoulsDeep

173 7TH AVE S 21 Beim lateinamerikanischen Restaurant **Baby Brasa** findest du eine tolle Street-Art-Wand vom Künstler Baron Von Fancy. Er greift in seinen Schriftzügen stets das Baby-Motto auf. Von »Burn Baby burn« über »Be my Baby« bis hin zu »Baby« als Neonsign. Das Motiv wandelt sich von Zeit zu Zeit, ist aber immer instagramable. Im Sommer ist die Wand leider meistens von den Outdoor-Sitzplätzen verdeckt, aber vielleicht hast du ja Glück. Im Restaurant selbst habe ich bisher nie gegessen, die Drinks sind jedoch sehr köstlich.

perfect pic

154 W 10TH ST 13

shopping

Wir bummeln weiter durch die Straßen des Village und besuchen ⟵ **Three Lives & Company**. Ein uriger Bücherladen mit einer guten Auswahl. Die Verkäufer*innen sind unglaublich freundlich und beraten dich gerne, wenn du ihnen deine Vorlieben verrätst.

146 WEST 4TH 14

shopping

Du hast dich noch gar nicht durch Secondhand Fashion gewühlt? Mein Pro-Tipp dafür ist ⟵ **Hamlets Vintage.** Eine Freundin hat hier richtig random ultralässige Cowboyboots gefunden und ich eine vintage Collegejacke, die ich immer noch total liebe. Wenn du also ein einzigartiges Kleidungsstück suchst, ist dies der Laden für dich.

fun

230 THOMPSON ST 

Das einzigartige Flair des Village zeigt sich auch beim Board Game Café ⟵ **The Uncommons**. Das Konzept ist so lässig: Getränke und Gesellschaftsspiele. Hier kannst du wirklich Stunden verbummeln. Es gibt vermutlich kaum ein Spiel, das es in diesem riesigen Sortiment nicht gibt.

Die Neighborhood ist sehr sicher und überschaubar. Ich lass mich deshalb gerne zu Fuß durch die Straßen treiben.

West Village Street Life

Hungrig? Schnapp dir einfach einen köstlichen Cookie. Auch beim Dinner und Nightlife hast du die Qual der Wahl.

Viel zu schnell ist es nach diesem Bummeltag Abend geworden. Und bestimmt hat dich das viele Rumlaufen ganz schön hungrig gemacht. Aber für das Dinner im Village hast du zum Glück die Qual der Wahl. Hier meine kleine Auswahl an Restaurants, je nachdem, nach welcher Küche es dich gerade gelüstet:

⟶ **Jajaja Mexicana:** Ein unfassbar leckeres mexikanisches Restaurant, das ausschließlich plant-based, sprich vegane Speisen anbietet. Die Atmosphäre ist laut, lebendig und ansteckend. Lass dich von der ausgelassenen Stimmung einfach mitreißen, während du deinen Margarita schlürfst oder einen Mezcal probierst.

6 63 CARMINE ST

⟶ **Buvette**: Ein Restaurant mit französischer Küche – und ebenso französischem Charme. Das Essen ist exquisit, für die französischen Tapas pilgern die Locals aus der ganzen Stadt hierher. Vor allem die Wein- respektive Champagnerkarte lässt dich denken, du seist in Paris. Hier kannst du auch sehr gut brunchen, besonders die Waffeln sind köstlich.

7 42 GROVE ST

delicious

⟶ **Via Carota**: Für mich ist dieser Italiener eines der besten Restaurants der Stadt und wohl der einzige Laden, in dem die Pasta wirklich authentisch italienisch und nicht american-italian schmeckt. Die Einrichtung ist außerdem so gemütlich, man glaubt, dass man im Wohnzimmer einer italienischen Familie gelandet ist.

8 51 GROVE ST

⟶ **Pinto Garden**: Das Restaurant Pinto Garden sieht mit seiner blumenbehangenen Fassade nicht nur von außen unheimlich einladend aus, sondern kann auch mit seinen köstlichen Speisen und tollen Thai Teas überzeugen. Das Menu ist von thailändischem Street Food inspiriert. Wenn du also auf spicy Seafood Tacos, würziges Pad Thai oder knusprige Frühlingsrollen stehst, that's the place.

9 117 W 10TH ST

delicious

323 6TH AVE 23

fun

Was gibt es Besseres, als deine New York Experience um einen Kinobesuch zu erweitern? Das ⟵ **IFC Center** ist ein kleines Szenekino, das überwiegend Arthouse-Filme zeigt. Außerdem gibt es häufig Events, bei denen die Regisseur*innen nach den Vorführungen exklusive Interviews geben.

183 W 10TH ST 16

510 HUDSON ST 17

drinks

Hast du nach deinem Abendprogramm noch Lust auf einen Absacker-Drink? Falls ja, wie wäre es mit dem ⟵ **Smalls Jazz Club**? Die Jamsessions sind vergleichsweise günstig, und dir wird wirklich etwas geboten: Musiker*innen aus Leidenschaft, ein einzigartiges Ambiente und gute Drinks. Alternativ kann ich dir den Speakeasy ⟵ **Employees only** empfehlen, eine Bar, die von der Prohibitionszeit inspiriert wurde. Sie verbirgt sich hinter einem Neonsign an der Straße mit der Aufschrift »Psychic« (Hellseher). Die Drinks sind mit die besten der Stadt, perfekt, um deine Night out abzurunden.

72 GROVE ST 11

delicious

Die Nacht ausklingen lassen kannst du hier nur an einem Ort: dem besten Taco Truck der Stadt: ⟵ **El Jalapeño**. Okay, ich weiß nicht, ob es wirklich der beste ist, aber die Tacos sind so köstlich. Da wir häufig im Cubbyhole oder dem Stonewall feiern, ist dieser Truck der letzte Abstecher auf dem Weg nach Hause. Er steht auf der Straße vor der Chase Bank. Im Winter setzen wir uns zum Essen immer heimlich hier rein.

Kino, Bar, Jamsession oder Clubbing? Im Village sind meine Lieblingsspots, um mit meinen Freundinnen zu feiern.

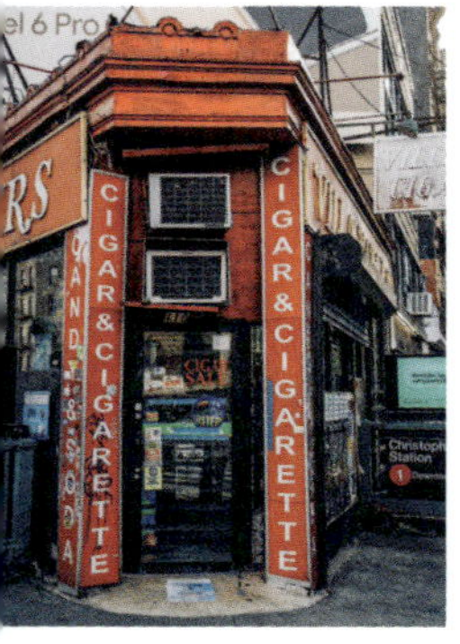

Best Taco Truck in New York

Ich lasse die Nacht gerne beim Taco Truck ausklingen. Praktischerweise steht er in der Nähe des Stonewall.

SOHO, LITTLE ITALY & CHINATOWN

廣州駕駛學校
EASTERN DRIVING SCHOO
華美商場
農家飯莊
60號怡豐商場
怡丰商場
66
福宝商場
紐約
第一駕駛學校
廣州駕駛學
BIKE LANE ONLY

MANHATTAN
HOUSTON ST
BOWERY
CANAL ST
BROADWAY
11
21
14
25
3
12
17
15
23
7
5
19
6
13
16
4
18
1
20
9
8
2
10
22
24

SOHO, LITTLE ITALY & CHINATOWN

Must-see

So delicious

But first coffee

Let's go shopping

Drinks, drinks, drinks

Perfect pic

The place to be

SoHo steht für South of Houston, also südlich der Houston Street. (Übrigens: Sprich Houston wie Hausten aus und NIEMALS wie Houston in Texas!!!) Für mich ist SoHo ein absoluter Wohlfühlort. Ich liebe es, durch die gepflegten Straßen zu laufen, in den fancy Läden zu stöbern und in den süßen Cafés zu sitzen, um die interessantesten Menschen zu beobachten. Und zum Schlemmen ist SoHo sowieso eine der besten Neighborhoods.

Gleich anschließend liegen Little Italy und Chinatown. Heute begrenzt sich Little Italy nur noch auf die Straßen Mulberry und Grand. Den Italo-Charme hat es sich aber allemal bewahrt. Etwas weitläufiger ist das dicht besiedelte Chinatown. Hier findest du unzählige asiatische Restaurants und die frischesten Lebensmittelstände.

Lust auf einen entspannten Tag mit guten Drinks, leckeren Snacks und ausgiebigem Shoppen?

Okay, let's go.

Setz dich in eines der zahlreichen Bistros von SoHo, bestell einen Aperol Spritz und beobachte die cool Kids auf den Straßen. Life is good!

SoHo ist für mich ein totaler Wohlfühlort. Gepflegte Straßen, fancy Läden, süße Cafés – und fluffige Pancakes.

Um den Tag zu beginnen, schlage ich dir zwei mega Frühstückbeziehungsweise Brunch-Spots vor. Die beiden sind so unterschiedlich, dass du die Qual der Wahl hast.

Der erste Laden heißt ⟶ **Flipper's**. Ein cooler Instagram-Spot, der durch seine japanischen Soufflé Pancakes berühmt wurde. Sie brauchen in der Zubereitung zwar deutlich länger als normale, aber sie sind den Hype allemal wert.

3 **337 W BROADWAY UNIT A**

Der zweite Frühstückladen ist ein absolutes New Yorker Original: ⟶ **Landmark**. Es sieht von außen vielleicht unscheinbar aus, aber hier kannst du im Diner Style Celebrities out and about erleben, wie sie ihre Eggs Benedict verdrücken. Ein Geheimtipp ist das Landmark allerdings schon lange nicht mehr.

4 **158 GRAND ST**

delicious

Es gibt doch nichts Schöneres, als sich beim Bummeln mit einem Coffee in der Hand in wunderschönen Bookstores zu verlieren. Besonders empfehlen kann ich dir ⟶ **Mercer Street Books & Records**. Das Sortiment an gebrauchten Büchern ist liebevoll ausgewählt – hier kannst du wirklich stundenlang zwischen den hohen Regalen stöbern und die Zeit vergessen.

shopping

14 **206 MERCER ST**

Ein echt außergewöhnliches Shopkonzept verfolgt der ⟶ **Bungee Space** – der Laden ist eine Mischung aus Buchladen, Coffee Shop Kleider- und Schmuckladen. Etwas abseits der belebten Straßen von SoHo findest du hier eine kleine Ruheoase. Es gibt nur eine Handvoll Sitzplätze, aber wenn du einen ergattert hast, kannst du einen köslichen Matcha oder einen Kaffee bestellen und dich ins große Sortiment an Fotografiebüchern vertiefen.

15 **13 STANTON ST**

shopping

Nun zeige ich dir etwas, was du vermutlich noch nie erlebt hast: die ⟵ **Color Factory**. Der Ort ist schwer zu beschreiben, es ist eine Art interaktives Kunstmuseum und wirklich völlig crazy. Lass dich auf die Erfahrung ein und hopse ohne nachzudenken ins Bällebad. Ich war mal an einem Regentag dort und hatte wirklich den Spaß meines Lebens. Außerdem ist alles very instagramable, quietschbunt und voller verschiedenster Fotospots. Achtung Spoiler: Ein kostenloses Eis kannst du auch noch abstauben.

251 SPRING ST 25

perfect pic

So langsam brauchst du bestimmt eine Stärkung. Wenn du auf New York Cheesecake stehst (und wer tut das nicht), muss ich dir ⟶ **Eileen's Special Cheesecake** empfehlen. Die Kuchen gibt es in Groß und in Klein und in den köstlichsten Variationen. Für mich die besten Cheesecakes der Stadt! Wenn du mehr Lust auf etwas Teigiges hast, probier mal die kleinen Cake Pops von ⟶ **Flour Shop.** Cake Pops sind mit Zuckerguss überzogene Kuchenteigkugeln am Stiel. Vor allem den Carrot Cake Pop musst du probieren – Mmmmhh ... soo gut!

delicious

5 17 CLEVELAND PL
6 177 LAFAYETTE ST

In SoHo ist für mich allerdings ⟶ **Urban Backyard** der schönste Coffee Shop. Nicht nur, weil sie kleine Sukkulenten-Cupcakes anbieten, auch das Interieur ist einfach nur stylish, und der Kaffee schmeckt hervorragend. Das Café ist nicht so groß, also nimm dir deinen Kaffee to go und mach einen Abstecher in den Zeitschriftenladen ⟶ **Iconic Magazines**, der sich direkt nebenan befindet.

coffee

13 180 MULBERRY ST

shopping

16 188 MULBERRY ST

magic moment

Du setzt dich an einen Tisch vor einem der vielen Bistros SoHos, zum Beispiel in der **Crosby Street.** Die Sonne scheint, und du bestellst dir einen Aperol Spritz. Eine Gruppe Skateboarder nutzt die gesperrte Straße, um Tricks zu üben. Construction Worker Philipp hat die beste Laune und schenkt dir sein breitestes Lächeln, während er mit einem Straßenschild wirbelt. An dir ziehen plaudernde, gut gelaunte Menschen vorbei, von denen nur der Hauch eines Parfums in der Luft zurückbleibt. Du genießt das bunte Treiben, während du an deinem Getränk nippst – life is good.

Zum Shoppen gibt es in SoHo eine riesige Auswahl. Lass dich einfach von deinen persönlichen Interessen treiben. Ich finde, dass der Shop von ⟶ **Aimé Leon Dore** sehenswert ist, selbst wenn man nichts kaufen möchte. Ein supercooler fancy Laden, außerdem ein New Yorker Original. Es gibt weltweit nur eine weitere Filiale in London. Innen sieht es aus wie in einem stylishen amerikanischen Wohnzimmer, und über der Kasse hängt ein Kunstwerk von Tyrrell Winston aus alten Basketbällen. Für den kleineren, »normalen« Geldbeutel empfehle ich dir ⟶ **The ReShop.** Ich habe hier mal ein vintage pastellfarbenes Lacoste-Poloshirt für zehn Dollar gefunden, geht's besser? Auch besonders ist der Laden ⟶ **Rowing Blazers.** Der Style der Klamotten ist »preppy« und very american – bunte Rugbyshirts, lässige Caps und qualitativ hochwertige Blazer. Das Interieur ist sehr ästhetisch und gemütlich.

17 224 MULBERRY ST
18 423 BROADWAY
19 8 RIVINGTON ST

shopping

CANTON LOUNGE
HAPPY VEGGIE
RESTAURANT
素
滿 園
SCHOOL

PERFU
T-SHIRT
WATCH
BELT
GIFT STORE
SAFE, SECURE, PROTECTED, WITH MINIMAL CHARGES
JUST LIKE PRINCE ANDREW
manhattan mini storage
212-STORAGE

FREEMAN ALLEY 23 Direkt neben Rowing Blazers liegt eine kleine bestickerte und besprayte Gasse: ⟵ **Freeman Alley**. Hier ist so viel los, dass du zunächst gar nicht weißt, wohin du schauen sollst. Es gibt so viele kleine Statements, Messages und Werke zu entdecken. Ich habe mich ebenfalls mit meinen Stickern verewigt und gehöre nun zum Gesamtkunstwerk: »Less gender roles, more cinnamon rolls!« Schick mir gerne ein Foto davon, falls du dort vorbeistolperst.

perfect pic

FREEMAN ALLEY 7 Am Ende dieser Straße liegt das Restaurant ⟵ **Freemans**. Außen ist es urig mit einer Lichterkette geschmückt, innen gleicht es einer rustikalen amerikanischen Taverne. Das Essen ist genauso bodenständig. Besonders empfehlen kann ich dir den Cheesy Artichoke Dip – köstlich!

delicious

MULBERRY ST / GRAND ST 1 Bunte Lichterketten, italienische Flaggen und ein großer Schriftzug über der Mulberry Street. Du befindest dich jetzt in ⟵ **Little Italy**. Ich finde, diese Ecke hat ein ganz besonderes Flair. Kleine Stände mit »the world's best Cannoli«, der Duft nach Pasta, Restaurantbesitzer*innen, die dich in ihr Restaurant locken wollen, und im Innern überall rot-weiß karierte Tischdecken – es fühlt sich an wie in Italien. Wenn du Lust hast auf amerikanisierte italienische Küche, ist das der Ort für dich.

must-see

shopping

142 MULBERRY ST  Mach doch einen Sprung in den Laden ⟵ **Christmas in New York**. Er hat das ganze Jahr geöffnet und ist unfassbar kitschig. Aber zu Weihnachten ist ja ein wenig Kitsch erlaubt. Hier kannst du tolle

Little Italy beschränkt sich heute nur noch auf zwei Straßenzüge – aber es hat sich sein italienisches Flair erhalten.

The world's best Cannoli

Zum Shoppen ist die Auswahl in SoHo riesig. Lass dich treiben und lande plötzlich in einer anderen Welt: Chinatown.

Souvenirs für dich und deine Lieben finden. Schnapp dir ein Christmas Ornament und häng es dir zur nächsten Weihnachtszeit an deinen Baum, um dich an diesen wunderbaren Trip zu erinnern.

must-see

Wenn du die Grand Street einen Block weiterläufst, merkst du, wie die italienischen Flaggen asiatischen Schriftzügen weichen. Welcome to ⟶ **Chinatown.** Du tauchst jetzt in eine andere Welt ab. Straßenstände mit frischem Fisch, Gewürzen und reichlich Obst oder Gemüse, rote Lampions über den Straßen – und in jedem zweiten Schaufenster steht eine Winkekatze. Die Restaurants bieten fast alle chinesische oder südostasiatische Küche an. Es riecht nach gedämpften Brötchen, Dumplings oder Bubble Tea. Chinatown sollte man unbedingt erlebt haben. Schnapp dir ein Eis von ⟶ **Taiyaki NYC** in einer wie ein Fisch geformten Waffel und schlendere rüber zur Doyers Street – für mich die schönste Ecke in Chinatown. Zum Essen könnte man sich überall durchfuttern und würde nie enttäuscht werden. Besonders lecker fand ich die gedämpften Brötchen von ⟶ **Golden Steamer** und die Dumplings von ⟶ **Jin Mei Dumpling.** Cool sind hier vor allem die supergünstigen Preise.

2 DOYERS ST

delicious

8 119 BAXTER ST

delicious

9 143A MOTT ST

10 25B HENRY ST B

perfect pic

Wenn du Lust hast, kannst du von hier aus (ein Stückchen) über die Manhattan Bridge in Richtung Brooklyn laufen. Die **Manhattan Bridge** mag etwas weniger populär sein als ihre berühmte Schwester, die Brooklyn Bridge, aber ich finde, sie hat wirklich tolle Views zu bieten. Zwar ist der Großteil der Seiten mit einem Zaun bedeckt, aber es findet sich immer wieder ein Spot, der von ein paar Frechdachsen abgeklemmt wurde, sodass man sehr besondere Fotos der Skyline schießen kann.

24 MANHATTAN BRIDGE

delicious

50 MACDOUGAL ST (11)

delicious

235 MULBERRY ST (12)

Der perfekte Tag in SoHo muss natürlich durch die perfekte Night out abgerundet werden. Für mich müsste die folgendermaßen aussehen: Der Abend startet mit einem Dinner bei ⟵ **Emmett's.** Dort gibt es Chicago Style Deep Dish Pizza. Ich liebe ja New York Pizza, aber diese gefüllten Pies sollte man einmal probiert haben. So cheesy, so good. Bring ordentlich Hunger mit! Wenn du eher Lust auf New York Style Pizza hast, starte deinen Abend alternativ bei ⟵ **Rubirosa.** Das Gebäude ist typisch New York mit seiner Feuertreppe und der süßen Markise, außerdem ist das Ambiente total angenehm und das Essen köstlich.

144 SULLIVAN ST (21)

161 LAFAYETTE ST (22)

drinks

Anschließend kannst du auf ein paar Drinks ins ⟵ **Local** gehen – eine kleine gemütliche Wein- und Bierbar, in der es kostenloses Popcorn zum Snacken gibt und du, wie der Name bereits verrät, vermutlich eher Locals antriffst. Wenn du dir genug Mut angetrunken hast, geh rüber zur Karaoke-Bar ⟵ **161 Lafayette.** Sorry, aber wer steht nicht auf Karaoke? Die Stimmung ist unvergleichlich, alle feiern und trällern gemeinsam und haben einfach eine gute Zeit. Ob du schief und krumm singst oder wie the next Alicia Keys, hier wird jeder und jede total angefeuert.

In SoHo stehen die Läden der großen, teuren Marken. Aber ich habe auch schon außergewöhnliche Vintage-Teile gefunden.

Die unbekannte Schwester der Brooklyn Bridge

Die Manhattan Bridge mag etwas weniger populär sein als die Brooklyn Bridge, aber ich finde, sie hat wirklich tolle Views zu bieten.

COMEDY *in New York*

Zu Beginn steckt man als Stand-up Comedian einige Niederlagen ein. Man muss einfach immer weitermachen.

ANNICK UND SEIN TRAUM

Comedy ist in New York wirklich ein Big Deal. Die New Yorker Comedy-Szene boomt seit Jahrzehnten und ist bekannt dafür, besonders vielseitig und divers zu sein. In den 1950er- und 1960er-Jahren entstand in New York City eine damals neue Form der Comedy: Stand-up. Dieser Trend entwickelte sich über die Jahre immer weiter und legte den Grundstein für die heutige Szene. Auch bei uns bekannte Comedians wie Woody Allen, Jerry Seinfeld, Chris Rock oder Amy Schumer haben hier ihre Wurzeln. Täglich hetzen unzählige engagierte Komiker*innen von Auftritt zu Auftritt, in der Hoffnung, auch endlich den Durchbruch zu schaffen. Einen davon darf ich dir jetzt vorstellen: Annick Adelle.

Ich treffe Annick nach seinem Auftritt im Comedy-Club The Stand. Er schließt sein Rad an und schultert seinen Rucksack, er muss nach unserem Gespräch direkt weiter zu seinem nächsten Gig. Wir setzen uns vor ein kleines Café im Village. Er trägt eine bunte Mütze und hat einen so lässigen Style, dass er auch als waschechter New Yorker durchgehen könnte. Ist er aber nicht. Er ist Deutscher, geboren in Paris und aufgewachsen bei Frankfurt. Ein Deutscher, der hier seinen American Dream lebt: Comedian in New York City. Er hat auch was »Ordentliches« gelernt, mit dem er früher seine Brötchen verdiente. Eigentlich ist er nämlich Anwalt und über diesen Job in den USA gelandet. Er war angestellt bei einer großen Tech Company und bekam die Möglichkeit, am Hauptsitz in San Francisco zu arbeiten – eine Chance, die er ohne zu zögern ergriffen hat. In einem vierwöchigen Urlaub hat er dann entschieden, dass er einfach mal Stand-up Comedy ausprobieren möchte. »Wie? Du hast einfach spontan entschieden, jetzt lustig zu sein und Witze vor Publikum zu machen?!«, frage ich. Er lacht und erklärt mir, dass es natürlich schon immer seine Leidenschaft gewesen sei, Leute zu unterhalten, dass er aber etwas Neues ausprobieren wollte. Tanzen hat er in jenem Urlaub übrigens auch noch gelernt. Annick ist also einfach drauflosgefahren, hat in seinem Auto geschlafen und ist abends auf den Bühnen verschiedener Städte aufgetreten. Von Arizona über Kalifornien bis Texas und auch New York. »Aller Anfang ist schwer ...«, erzählt er. »Man beginnt mit drei Minuten, und irgendwann steigert man sich und bekommt Gigs, die fünf Minuten dauern, dann acht, dann zehn, und irgendwann darfst du fünfundzwanzig oder sogar fünfundvierzig Minuten spielen.« Er berichtet, wie viele Niederlagen man vor allem im ersten Jahr einsteckt und dass man einfach immer wieder aufstehen und weitermachen muss. »Ach, daher kommt der Begriff Stand-up?«, witzele ich. Seither sind neun Jahre vergangen, und Annick hat sich mittlerweile sowohl in den USA als auch in Deutschland einen Namen gemacht.

Heute lebt er in Williamsburg und fährt mit seinem Fahrrad durch die ganze Stadt. Meistens hat er drei bis vier Auftritte an einem Abend. Das Besondere an Stand-up Comedy ist die Interaktion mit den Zuschauer*innen, man muss spontan witzig sein. Jede Show ist anders, weil sie vom Publikum und dessen Stimmung abhängig ist. Natürlich hat Annick mittlerweile ein Repertoire, aus dem er schöpfen kann, aber man muss immer situativ reagieren. Er schafft es, ernste Themen mit Leichtigkeit und Humor zu platzieren, ohne sie zu verharmlosen. Er »roastet«, aber auf eine liebevolle und nicht erniedrigende Art. So macht er gerne Jokes über »ze Germans«, über sein Transsein oder generell über Queerness und Genderthemen. Die hohe Kunst ist es, sich nicht vom Publikum verunsichern zu lassen. Vor allem, wenn ein Gag mal nicht zündet. Einfach weitermachen! Er erzählt mir eine seiner liebsten Anekdoten: Er hatte mal einen Auftritt in Dallas, in der ersten Reihe saßen Männer mit Cowboyhüten. Menschen, die zum Beispiel mit Transthemen vermutlich noch nie in Berührung gekommen sind. Er versucht, diese Themen zugänglich zu machen, sie humorvoll aufzubereiten. So auch an jenem Abend. Die Reaktion im Publikum war zurückhaltend, verschränkte Arme in der ersten Reihe. Ein Tuscheln ging durch den Raum. Annick hakte es ab und machte einfach weiter. Er witzelte darüber, wie man sich als »Mann« fühle und wie er das durch das Testosteron, das er einnimmt, nun besser verstehen könne.

Roasten auf eine liebevolle und nicht erniedrigende Art

Annick macht gerne Jokes über »ze Germans«, über sein Transsein oder generell über Queerness und Genderthemen.

Mittlerweile hat sich Annick in New York einen Namen gemacht. Er hat oft drei bis vier Auftritte an einem Abend.

Nach der Show kam einer der Cowboyhüte zu ihm und sagte: »Thanks man, finally my wife gets it!« Ein kleiner Triumph, der Annick viel bedeutet und der ihn selbst zum Nachdenken anregte: »Wow, vielleicht habe ICH ja Vorurteile gehabt und diese Menschen unterschätzt!«

Diese Leichtigkeit konnte ich auch bei seinem heutigen Auftritt beobachten. Ganz entspannt witzelte er darüber, dass das Publikum sich vermutlich frage, welches Geschlecht er habe. »Hey, I'm not going to answer that, I'll leave you wondering.« Lautes Gelächter. Ich war vorher noch nie bei so einer Veranstaltung, weil ich gar nicht so doll auf Comedy stehe. Zumindest nicht in Deutschland. Aber das hat wirklich Spaß gemacht, es war auf allen Ebenen unterhaltsam. Ich war mit zwei Freundinnen da. Wir waren in der Nacht zuvor relativ lange in den New Yorker Clubs unterwegs gewesen, dementsprechend sahen wir wohl auch aus. Wie wir da in der ersten Reihe verkatert mit unseren Kräutertees saßen, war natürlich ein gefundenes Fressen für die Stand-ups und wurde häufiger kommentiert. »Ich fand dich am lustigsten!«, sage ich zu Annick und meine es ernst. Er hat zum Beispiel einen Joke darüber gemacht, dass Deutschland jetzt ja nicht mehr der Bad Guy sei, seit Russland einen Krieg in Europa begonnen habe. Ein Pun, der gar nicht verharmlosen, sondern zum Denken anregen und ernste politische Themen in den Fokus rücken soll. Seine Vorgänger*innen an diesem Abend waren so divers, wie es nur geht: eine Dragqueen, danach ein bärtiger Typ in Pantoffeln und eine junge Frau, die ihr eigenes Jüdischsein flapsig hochgenommen hat. New York City eben. Humor ist natürlich total subjektiv, but wow, da waren echt ein paar miese Witze dabei. Ich glaube aber, gerade diese Vielseitigkeit macht Comedy-Abende so besonders. Bei der einen Person lachst du dich richtig schlapp, mit einer anderen kannst du vielleicht so gar nicht relaten. Die Zuschauer*innen fühlen sich als Teil der Show, und jeder Abend ist einzigartig.

Ich frage Annick, was die New Yorker Comedy für ihn so besonders mache, warum er ausgerechnet hiergeblieben sei. »Die Comedy-Szene hier ist sehr familiär«, erzählt er. Man kenne sich, man wisse, welchen Kampf alle tagtäglich bestritten. Anstelle von Rivalität supporte man sich, mache sich gegenseitig Mut. »Nobody gives a shit what you look like.« Alle seien superoffen, viele seien queer oder anders divers, es sei sehr herzlich. »New York mit seinen Ansichten ist sehr europäisch im Vergleich zum Rest der USA.« Annick lächelt zufrieden, man merkt, wie wohl er sich hier fühlt, wie angekommen er in New York und der Szene ist. »Weißt du, Miri, ich habe mal ein Zitat gehört, und ich glaube, das fasst es ganz gut zusammen. Im Vergleich zu Kalifornien beziehungsweise Los Angeles ist es so: People in L. A. are nice, but they are not kind. New Yorkers are not nice, but they are kind.«

Ich danke Annick für das Gespräch und wünsche ihm viel Erfolg für die nächste Runde des Abends. Ich schaue ihm noch hinterher, wie er mit seinem Fahrrad davondüst.

Locations

BROOKLYN COMEDY COLLECTIVE: 167 GRAHAM AVE

COMEDY CELLAR:
117 MACDOUGAL ST

NEW YORK COMEDY CLUB:
85 E 4TH ST

THE STAND:
116 E 16TH ST

GOTHAM COMEDY CLUB:
208 W 23RD ST

ANNICKADELLE

ANNICKADELLE.COM/DE/

EAST VILLAGE

PEACE
FRENCH
Keep New York City

MANHATTAN
EAST RIVER
10
15
14
4
3
8
12
7
5
6
9
1ST AVE
BOWERY
2
1
19
18
17
20
16
E HOUSTON ST
13
11
ALLEN ST
EAST RIVER
WILLIAMSBURG BRIDGE

EAST VILLAGE

So delicious

Let's go shopping

Drinks, drinks, drinks

Perfect pic

Fun things to do

Zwischen dreckig und lässig

Im East Village sieht es wesentlich weniger clean aus als in anderen Neighborhoods Manhattans. Es mag nicht auf den ersten Blick schön sein, ist dafür aber cool und lässig. Street-Art an jeder Ecke, urige Kneipen, unzählige Vintage-Läden und belebte Restaurants. Sauge das Flair auf, indem du dich einfach durch die Straßen treiben lässt.

Hier herrschten bis Mitte der 1960er-Jahre noch ziemlich prekäre soziale Verhältnisse. Erst mit dem Einzug vieler Hippies, Künstler*innen und Musiker*innen entwickelte sich das heutige pulsierende Viertel, dessen Galerien so manche*n Künstler*in bekannt machten – beispielsweise Keith Haring oder Jean-Michel Basquiat. Heute findest du im East Village viele Museen, Parks und Grünflächen, süße Cafés und besondere Secondhandläden. Einige meiner Lieblingsspots werde ich dir jetzt vorstellen.

Ready?

Das East Village hat einen rauen Charme. Dafür kannst du hier günstig essen, cool shoppen und dich ins Nightlife stürzen.

In den Secondhandläden von East Village finde ich immer irgendwas. Hier sind viele meiner favorite Vintage Stores.

Für mich ist das East Village (neben Williamsburg natürlich) ein wahres Vintage-Shopping-Paradies. Hier findest du sehr besondere Läden, in denen du nicht nur für New Yorker Verhältnisse günstig shoppen, sondern auch alten Kleidungsstücken ein neues Leben schenken kannst. Einer meiner Lieblingsstores heißt ⟶ **Mr. Throwback.** Hier gibt es vor allem Secondhand-Sportjerseys. Von Football über Basketball und Baseball bis Eishockey – du findest bestimmt dein perfektes Outfit, falls du zu einem New Yorker Sportevent gehen oder einfach cool aussehen möchtest. Ebenfalls einen Abstecher wert ist ⟶ **The Quality Mending Co.** Ein sehr gut sortierter Vintage-Laden mit einer riesigen Auswahl an Levi's-Jeans und sehr einzigartigen Teilen. ⟶ **L Train Vintage** ist eine familiengeführte Kette, die mittlerweile vier Filialen in der Stadt hat. Hier finde ich eigentlich immer etwas, und das Preis-Leistungs-Verhältnis stimmt total. Die Sachen sind relativ günstig, obwohl sie häufig noch neuwertig sind.

8 **437 E 9TH ST**
9 **329 BOWERY**
10 **204 1ST AVE**

shopping

Ein Bücherladen, dem ich eigentlich immer einen Besuch abstatte, ist der ⟶ **Bluestockings Cooperative Bookstore.** Es ist ein Community Space mit einer wunderbaren Auswahl an queeren und feministischen Büchern. Außerdem kannst du beim Stöbern Kaffee trinken – meine absolute Lieblingskombi.

11 **116 SUFFOLK ST**

shopping

Nach diesem straffen Shoppingprogramm bekommst du sicher langsam Appetit. Günstig essen in New York City? Im East Village geht das noch! Okay, dieser Introsatz war jetzt nicht ganz passend, weil ich dir zuerst ⟶ **Katz's Delicatessen** vorstellen will. Eine New Yorker Institution seit 1888, heute aber alles andere als günstig. Für das

1 **205 E HOUSTON ST**

shopping

I
NY
NEW ARRIVAL!
Golden Age
ELVIS
ZAPPA
DRAWING POWER
NEW ARRIVAL!
NEW ARRIVAL!
NEW ARRIVAL!
HIGH LEVEL
NEW ARRIVAL!

Das East Village strotzt nur so vor Graffiti-Kunst. Eigentlich kannst du an jeder Ecke etwas Neues entdecken. Lass dich einfach treiben. Meine Lieblingswerke habe ich dir hier trotzdem einmal gesammelt. ⟵ **Murals** verändern sich allerdings immer wieder, es kann also sein, dass manche Wände sich seit meinem letzten Besuch gewandelt haben. Aber dafür wird sicher ein anderes neues beeindruckendes Werk zu sehen sein.

15 CHARLIE-BROWN-MURAL: E12TH ST, ZWISCHEN AVENUE A UND FIRST AVENUE
16 ASTRONAUT-MURAL: 213 BOWERY
17 LOVE-MURAL: ALLEN ST / STANTON ST
18 SPONGEBOB-MURAL: ALLEN ST / STANTON ST
19 STOP-GUNS-MURAL: STANTON ST / ELDRIDGE ST

perfect pic

Bei Crif Dogs gibt es einfach die verrücktesten Hotdog-Variationen.
Und noch verrückter: Durch eine alte Telefonzelle im Laden gelangst du in den Speakeasy Please Don't Tell.

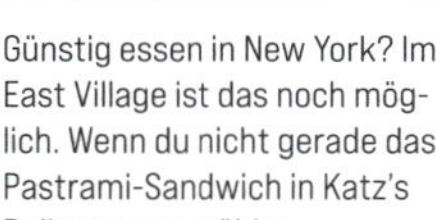
Günstig essen in New York? Im East Village ist das noch möglich. Wenn du nicht gerade das Pastrami-Sandwich in Katz's Delicatessen wählst.

legendäre Pastrami-Sandwich zahlst du hier mittlerweile schon 20 Dollar. Das ist es aber wert. Bestimmt kommt dir dieses Restaurant bekannt vor: An einem dieser Tische hatte Meg Ryan den berühmtesten gespielten Orgasmus der Filmgeschichte in *When Harry Met Sally*. Ich sage nur: »I'll have what she's having!«

Ebenfalls Kultstatus hat die ⟵ **Yonah Schimmel Knish Bakery**. Ein langjähriges New Yorker Etablissement, das mit dem Spruch im Fenster lockt: »You don't have to be jewish to eat a knish!« Wie wahr das ist! Ein Knish ist eine Backware, die es sowohl herzhaft als auch süß gibt. Ich habe sie hier zum ersten Mal probiert und fand sie unvergleichlich köstlich. Es gibt aber auch andere jüdische Klassiker wie Kugel oder Latkes – yum! Das East Village strotzt nur so vor verschiedenen Kulturen, das zeichnet sich auch bei den Restaurants ab. Für dein daily Pizza Slice gehst du am besten zu ⟵ **East Village Pizza**. Die Preise sind total moderat für New York. Wenn du auf Käse stehst, würde ich dir die Cheesy Garlic Knots empfehlen ... so cheesy, so köstlich!

137 E HOUSTON ST 2
145 1ST AVE 3
delicious

Ein richtiges Highlight ist für mich das ⟵ **Veselka**. Ukrainisches Essen, das nach solider Hausmannskost schmeckt und dazu noch relativ günstig ist. Borschtsch, Piroggen und Gulasch – seit 1954 gibt es dieses kleine, aber feine Lokal. Es startete als ein simpler Newsstand, der Sandwiches ausgegeben und Suppen ausgeschenkt hat, und ist heute aus dem East Village nicht mehr wegzudenken. Ein kleines Juwel im East Village ist ⟵ **Sydney's Five**. Der Laden ist beinahe noch ein Geheimtipp, aber vermutlich nicht mehr lange. Es gibt leckeres, solides amerikanisches Essen (zum Beispiel Corn Dogs) und gute Cocktails – super für einen boozy Brunch!

144 2ND AVE 4
103 1ST AVE 5
delicious

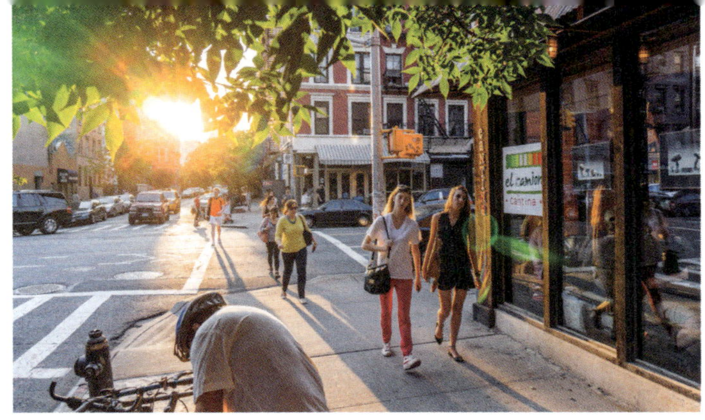

Hier herrschten bis in die 1960er-Jahre prekäre soziale Verhältnisse. Erst als Hippies und Künstler*innen kamen, entwickelte sich das Viertel.

Für alle, die gerne vegan essen, kann ich ⟶ **Spicy Moon** empfehlen. Hier gibt es chinesische Gerichte der Sichuan-Küche, die vegan umgesetzt werden. Auch für nicht ausschließlich vegane Menschen lohnt sich ein Besuch definitiv, da das Essen einfach nur yummy ist. Der Laden ist sehr populär, daher würde ich einen Tisch reservieren. Mittlerweile gibt es in New York wirklich viele veggie und vegane Restaurants. Den besten Hotdog-Laden mit einer vegetarischen »Wurst« findest du allerdings hier im East Village. Bei ⟶ **Crif Dogs** gibt es die verrücktesten Hotdog-Variationen (hast du schon einmal einen mit Ananas und Sauerkraut probiert?!). Schlag dir also hier deinen Bauch mit einem Hotdog und Tater Tots (einer Art Krokette) voll und stürze dich dann ins Nachtleben.

6 **68 W 3RD ST**

7 **113 ST MARKS PL**

delicious

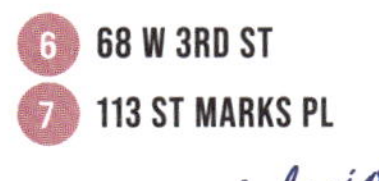

Rough, cool und lässig

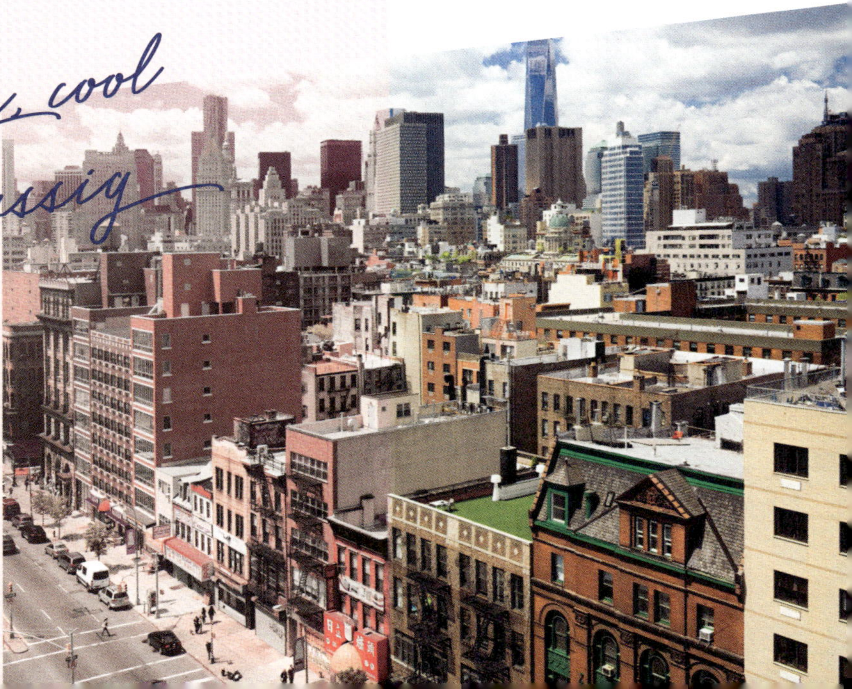

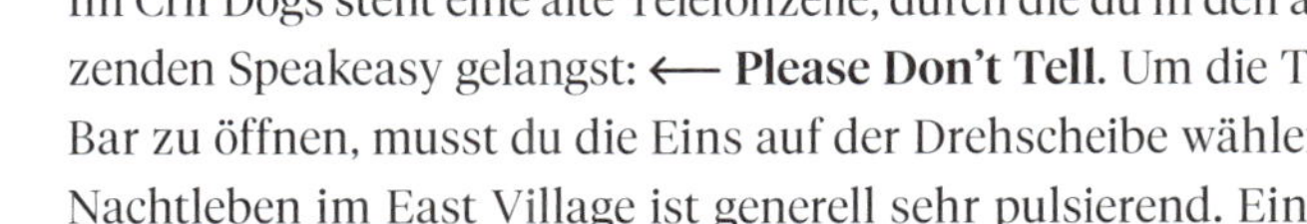

113 ST MARKS PL 12
134 ELDRIDGE ST 13

drinks

Im Crif Dogs steht eine alte Telefonzelle, durch die du in den angrenzenden Speakeasy gelangst: ⟵ **Please Don't Tell**. Um die Tür zur Bar zu öffnen, musst du die Eins auf der Drehscheibe wählen. Das Nachtleben im East Village ist generell sehr pulsierend. Ein weiterer Speakeasy ist ⟵ **Attaboy.** Eine sehr kleine, aber unfassbar charismatische Bar. Man rechnet jederzeit damit, dass ein Mafiaboss höchstpersönlich neben einem an der Theke Platz nimmt. Komm auf jeden Fall früh oder kalkuliere eine Wartezeit mit ein, da nur etwa 25 Menschen reinpassen. Das Highlight der Bar ist, dass es keine Getränkekarte gibt. Du beschreibst einfach, worauf du Lust hast oder was dir schmeckt, und die talentierten Barkeeper*innen aus Leidenschaft zaubern dir den passenden Drink.

236 E 3RD ST 20

fun

Ebenfalls empfehlen kann ich dir das ⟵ **Nuyorican Poets Café.** Je nach Abendprogramm kannst du hier Jazztalenten zuhören oder Poet*innen beim Performen zuschauen oder ein Theaterstück bewundern. Das Etablissement ist nicht sehr groß, sodass eine sehr intime Atmosphäre herrscht. Man fühlt sich ein bisschen wie in einem Wohnzimmer. Ich war einmal zu einer mit Musik unterlegten Poesielesung hier. Mich hat es total abgeholt.

drinks

15 E 7TH ST 14

Supercozy und rustikal ist ⟵ **McSorley's Old Ale House**, der älteste und authentischste Irish Pub in New York. Es gibt zwei Sorten Bier, und der Boden ist mit Sägespänen ausgelegt. Im Winter brennt in der Ecke ein Kaminfeuer, was die Stimmung noch gemütlicher macht.

Die Neighborhood mag nicht auf den ersten Blick schön sein, aber das lässige Flair ist New York durch und durch.

Liebesgrüße aus East Village

Im East Village findest du an jeder Ecke Graffiti-Kunst. Sowohl große Murals als auch kleine nette Botschaften vor deinen Füßen.

FINANCIAL DISTRICT

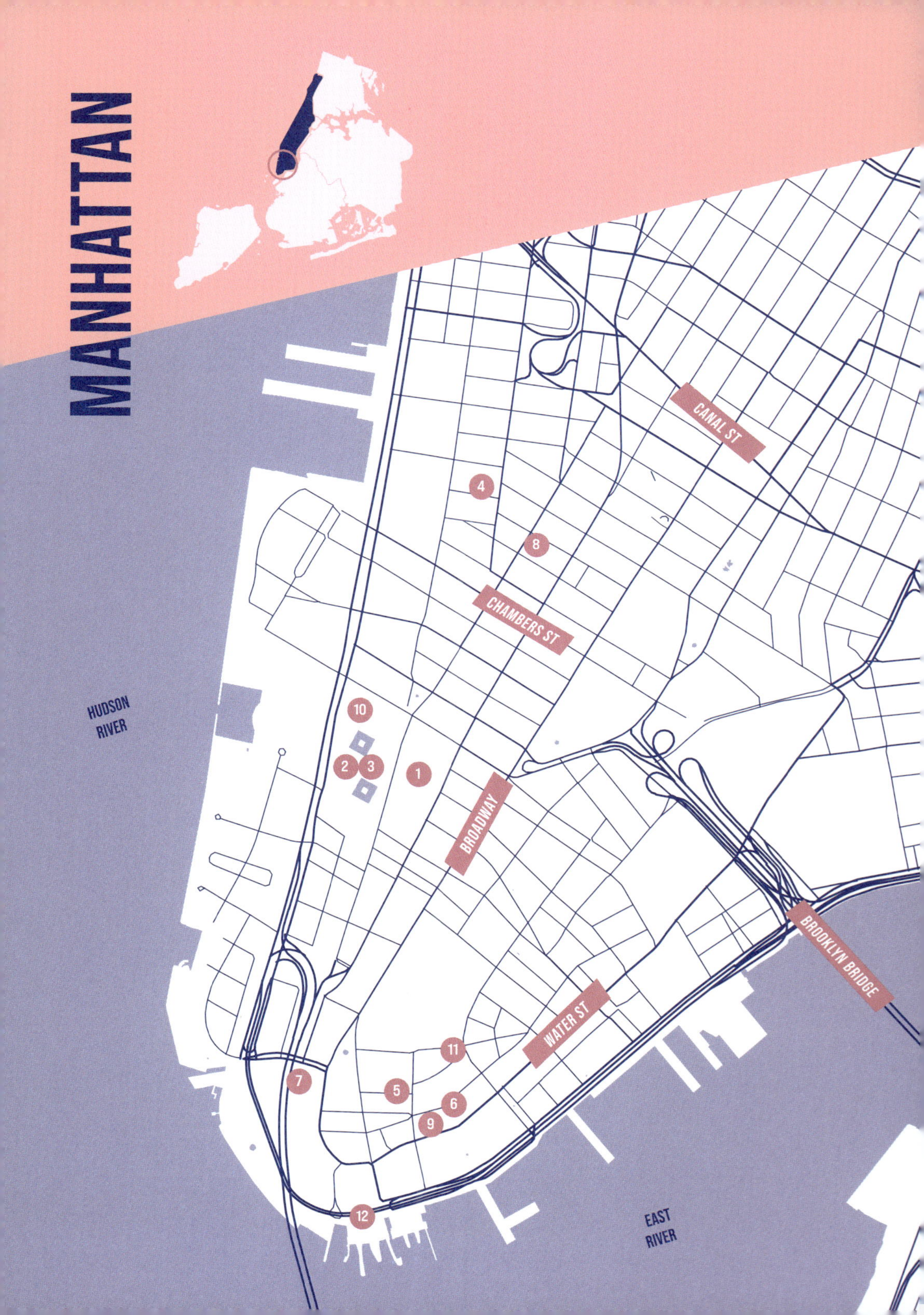

MANHATTAN

CANAL ST
4
8
CHAMBERS ST
10
2
3
1
BROADWAY
HUDSON RIVER
BROOKLYN BRIDGE
WATER ST
11
7
5
6
9
12
EAST RIVER

FINANCIAL DISTRICT

Where history was made

The Financial District, oft einfach Wall Street genannt, in Lower Manhattan ist ein Symbol wirtschaftlicher Macht. Zwischen den riesigen Wolkenkratzern ist die Stimmung sehr geschäftig. Überall laufen Anzugträger*innen zu ihrem nächsten Termin oder lunchen, während es gleichzeitig von Tourist*innen mit Kameras in den Händen wimmelt. Diese ganze Business-Welt ist für Außenstehende schwer zu begreifen, deshalb schau dir doch als Einstimmung den Film *The Wolf of Wallstreet* mit Leonardo DiCaprio an.

Im Vergleich zu anderen Vierteln in Manhattan mag der Financial District auf den ersten Blick nicht ganz so spannend und pulsierend sein. Aber es gibt hier geschichtsträchtige Orte, die du bei deinem New-York-Trip auf keinen Fall missen solltest. Vor allem die eindrücklichen Gedenkstätten um das neue One World Trade Center sind einen Besuch wert.

Are you ready? Dann los ...

Zwei riesige Brunnen, in die das Wasser hineinläuft, erinnern heute an die Stellen, an denen bis 9/11 die Twin Towers standen.

The Oculus des Architekten Santiago Calatrava ist bestimmt die außergewöhnlichste Subway Station der Stadt.

Wir nehmen die Subway zum World Trade Center. Es ist die wohl schönste Subway Station New Yorks. Sie befindet sich in dem futuristischen Gebäude ⟶ **The Oculus**. Es sieht nicht nur von außen echt beeindruckend aus, schau es dir unbedingt auch von innen an. Die Architektur ist ganz in Weiß gehalten, es ist total clean und sehr schick. Und es gibt Läden zum Stöbern.

1 **185 GREENWICH ST**

must-see

Sobald du aus der Subway kommst, bleibt dir inmitten der unfassbar hohen Gebäude erst mal der Atem weg. Die Skyline hitted hier noch einmal ganz anders. Vor allem natürlich durch das neue ⟶ **One World Trade Center** (auch Freedom Tower genannt). Es ist das höchste Gebäude der USA und seit seiner Fertigstellung 2013 aus der Skyline nicht mehr wegzudenken. Ich habe New York mit den Twin Towers vor 9/11 leider nie erleben dürfen. Aber vermutlich hast du wie ich die Geschehnisse damals vor dem Fernseher verfolgt und bekommst daher ebenfalls Gänsehaut, wenn du das neue Gebäude siehst. Es ist ein stolzes Statement gegen Terrorismus und Hass, das der ganzen Welt sagt: »Uns besiegt man nicht, we rise again and again.«

10 **285 FULTON ST**

perfect pic

Das ⟶ **Ground Zero Memorial** ist der Ort, an dem die Twin Towers standen. Jetzt stehen hier stattdessen zwei riesige Brunnen, in die das Wasser wie ein Wasserfall hineinläuft. Drumherum sind die Namen der 2970 Opfer in Steinplatten eingraviert. An den Geburtstagen der verstorbenen Menschen werden kleine weiße Rosen in die Täfelchen hineingesteckt. Manchmal kommen Hinterbliebene zum Trauern und verzieren die Platten mit kleinen USA-Fähnchen. Es ist ein Ort, der dich nachdenklich und betroffen machen wird. Halte inne, lies die zahlreichen Namen und gönn dir einen Moment Ruhe, um es wirken zu lassen.

2 **180 GREENWICH ST**

must-see

180 GREENWICH ST 3

must-see

Ich kann dir von Herzen auch das ⟵ **9/11 Memorial Museum** empfehlen. Es ist für mich eines der bewegendsten Museen, die ich jemals besucht habe. Es ist so ergreifend, so nah, so echt. Der Satz, der damals um die Welt ging – »Today we're all New Yorkers« – trifft es genau: Du fühlst dich der Stadt einfach verbunden. Es ist sehr still im Museum – alle Besucher*innen lesen und betrachten die persönlichen Geschichten mit Taschentüchern in den Händen und Tränen in den Augen. Schicksale Einzelner werden dir bildlich erzählt. Die Videoaufnahmen vom Entsetzen der Menschen, die die Türme haben brennen sehen, werde ich nie vergessen. Ich habe die Reaktionen der anderen Besucher*innen beobachtet und war gleich noch ergriffener. Übrigens: Auch Männer weinen. Ich saß nach meinem Besuch bestimmt eine Stunde auf einer Parkbank und habe es nachwirken lassen. Diese Schwere und dann dieses neue Gebäude, das so viel mehr ist als ein Trade Center. History.

135 W BROADWAY 8

drinks

9 JAY ST 

must-see

Nach so einem ergreifenden Erlebnis braucht man erst mal einen Drink. Mach deshalb einen Abstecher zu ⟵ **Tiny's & The Bar Upstairs**. Das Gebäude hat einen süßen rosa Anstrich und ist, wie der Name schon verrät, winzig. Du kannst hier in einem rustikalen und für New York eher intimen Ambiente lecker brunchen. Gleich um die Ecke befindet sich die ⟵ **Staple Street Skybridge**. Eine kleine Brücke, die zwei Gebäude miteinander verbindet. Sie führt über die Jay Street, eine der kleinsten Straßen von New York. Genau genommen gehört beides schon zu Tribeca, aber es sind nur ein paar Blocks weiter uptown, und die Stadtteilgrenzen in New York sind oft fließend.

Im Financial District gibt es so viele geschichtsträchtige Orte, die zu deiner New York Experience einfach dazugehören.

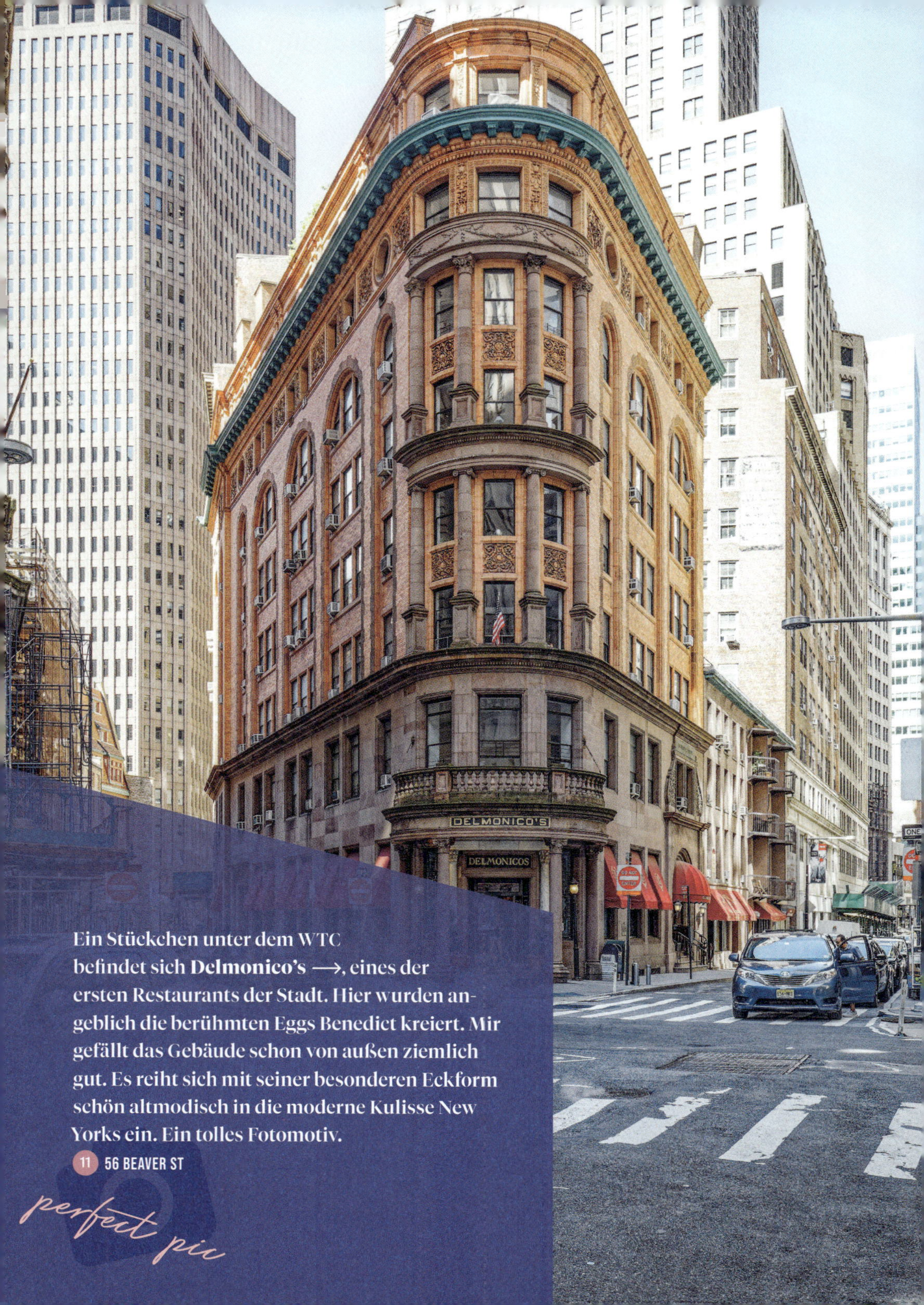

Ein Stückchen unter dem WTC befindet sich **Delmonico's** ⟶, eines der ersten Restaurants der Stadt. Hier wurden angeblich die berühmten Eggs Benedict kreiert. Mir gefällt das Gebäude schon von außen ziemlich gut. Es reiht sich mit seiner besonderen Eckform schön altmodisch in die moderne Kulisse New Yorks ein. Ein tolles Fotomotiv.

11 56 BEAVER ST

perfect pic

ALEX
CHAPLAIN
MYC

CITY OF
NEW YORK

STONE ST 5

must-see

Ganz im Süden Manhattans liegt die ⟵ **Stone Street**. Eine historische kleine Gasse mit Pflastersteinen und schönen Gebäuden, die mit ihren süßen Tavernen und Lichterketten einen leicht europäischen Vibe hat. Die Restaurants haben alle Outdoor-Plätze – es wirkt ein bisschen, als ob hier ein Straßenfest stattfinden würde.

76 PEARL ST 6

delicious

Brauchst du eine kleine Stärkung? Dann hol dir gleich ums Eck bei ⟵ **Insomnia Cookies** einen Chocolate Chip Cookie. Wenn du Glück hast, kommt er gerade frisch aus dem Ofen und ist noch warm, sodass die Schokolade schmilzt. SO GUT! Lass dir noch ein paar Cookies für den Weg einpacken, denn jetzt geht es auf eine kostenlose Bootsfahrt.

4 WHITEHALL ST 12

fun

Ab der Südspitze Manhattans (im Whitehall Terminal) fährt alle 30 Minuten die ⟵ **Staten Island Ferry**. Richtig cool ist, dass man diese Fähre umsonst nehmen kann. Du solltest das Angebot unbedingt nutzen, denn während der Fahrt bekommst du einen wunderbaren Blick auf die Freiheitsstatue. Mehr Atmo geht nicht. Ich war bisher nie auf Liberty Island, sondern bin immer nur mit der Fähre gefahren, mir hat das gereicht.

STATE ST & BATTERY PL 7

chill

Da wir jetzt ohnehin hier sind, lohnt sich ein kleiner Abstecher zum ⟵ **Battery Park**. Direkt davor steht die berühmte Bronzestatue The Charging Bull. Sie soll die steigenden Kurse und die angriffsbereite Haltung im aggressiven Börsenmarkt symbolisieren. Allerdings steht sie auch für die Mentalität New Yorks: Hierher kommen Menschen aus aller Welt und können durch Entschlossenheit und hard Work alles erreichen. Der Park ist wunderschön begrünt, und Sitzbänke laden zum Verweilen ein. Besonders das funkelnde und schimmernde SeaGlass Carousel inmitten des Parks ist ein Highlight. Fun Fact: Im Battery Park habe ich meine erste New Yorker Ratte gesehen. Ich weiß noch, wie ich mich damals total erschreckt habe, dass eine Ratte frei rumläuft. Jetzt gehören sie für mich so dazu wie die Bodega an der Ecke.

30 WATER ST 9

drinks

Nach so einem langen Erkundungstag hast du sicher Lust auf ein deftiges Dinner und ein großes Bier, oder? Ich empfehle dir den rustikalen Irish Pub ⟵ **The Dead Rabbit** gleich in der Nähe. Die Drinks sind hervorragend, das Ambiente sehr cozy, und es gibt herzhafte Hausmannskost, richtiges Comfort Food.

Aussicht vom Wasser – mehr Atmo geht nicht

Eine Fahrt mit der Staten Island Ferry ist richtig cool. Einen besseren Blick auf die Freiheitsstatue wirst du nirgends bekommen.

SOUL FOOD *in Harlem*

Soul Food ist tief in der afroamerikanischen Kultur verankert. Die Rezepte werden über Generationen weitergegeben.

KÜCHE FÜR HERZ UND MAGEN

Meine erste Erfahrung mit Harlem war nicht unbedingt die positivste. Ich hatte damals mit meiner Partnerin ein Airbnb dort gebucht. Auf Google hieß es, dass Harlem mittlerweile total gentrifiziert und längst nicht mehr so gefährlich sei wie früher. Das stimmt vermutlich, Harlem hat dennoch einen ganz anderen Vibe als die unteren Teile Manhattans. Das Airbnb war in Top-Lage und schien auch sonst sehr gemütlich und preiswert zu sein. Allerdings fanden wir bei der Ankunft, die leider spätabends war, den Schlüssel nicht und sind dann vollgepackt durch die Straßen gezogen. Uns haben mehrere Menschen angesprochen, warum zur Hölle wir um diese Zeit alleine herumlaufen würden. Zwei junge weiße Girls und dann auch noch mit Gepäck. Meine damalige Freundin stand schon kurz vor dem Nervenzusammenbruch, und mich hat das auch echt nervös gemacht. Letztlich haben wir nass geschwitzt den Schlüssel doch noch gefunden. Leider war die Wohnung über einem Liquor Store, daher lungerte eine große Gruppe Männer davor herum, trank Alkohol und rief uns Sprüche zu. Auch am zweiten Tag hatten wir eher unschöne Begegnungen, sodass wir uns nachts ein Hotel downtown suchten und umzogen. Es sollte zwar meine erste, aber nicht meine letzte Begegnung mit Harlem sein. Ich bin später noch einmal dorthin zurückgekehrt und machte schöne und weniger turbulente Erfahrungen – vor allem dank dem sogenannten Soul Food, das es dort gibt.

Soul Food ist eine Küche, die tief in der African-American Culture verankert ist. Die besonderen Kochtechniken werden über Generationen weitergegeben. Auch die Gewürze spielen eine wichtige Rolle. Typische Gerichte sind beispielsweise Fried Chicken, Spare Ribs, Fried Catfish, Collard Greens, Mac and Cheese, Cornbread oder Sweet Potato Pie. Wow, mir läuft beim Schreiben bereits das Wasser im Mund zusammen. Man nennt es übrigens Soul Food, weil es die Seele berührt und erfreut. Klingt logisch, oder? Es schmeckt jedenfalls wie von einer Südstaaten-Omi selbst gekocht, wie könnte das nicht gut für die Seele sein? Für die Hüften vielleicht weniger, denn die Gerichte bestehen aus reichlich Fett und Zucker. Aber bei einem New-York-Trip zählen wir ohnehin keine Kalorien. In Harlem findest du zahlreiche Etablissements, die diese Art von Küche anbieten. Einige möchte ich dir hier vorstellen.

Das Sylvia's ist DER Klassiker. Sonntags gibt es hier einen Gospelbrunch – und die ganze Woche Harlem Soul Food.

Wie von einer Omi aus den Südstaaten gekocht

Man kann kein Kapitel über Soul Food schreiben, ohne Sylvia's zu erwähnen. Familiengeführt seit 1962, ist das Restaurant DER Go-to Spot für köstlichste Speisen. Sonntags gibt es hier einen Gospelbrunch und mittwochs Livemusik. Das Lokal ist relativ groß, sodass man eigentlich immer einen Tisch bekommt und auch mal spontan mit einer größeren Gruppe vorbeischauen kann.

Amy Ruth's ist ein weiteres Restaurant, das aus Harlem nicht mehr wegzudenken ist. Der Besitzer hat es als Hommage an seine Großmutter aus Alabama eröffnet. Bei ihr hat er die Sommer verbracht und gelernt, wie man authentisches Soul Food zubereitet. Das Highlight sind die Chicken and Waffles. Du glaubst, süß und salzig passen nicht zusammen? Lass mich dich vom Gegenteil überzeugen. Kipp unbedingt noch Ahornsirup drüber! Die Gerichte der Speisekarte sind benannt nach wichtigen afroamerikanischen Persönlichkeiten wie zum Beispiel das gegrillte, geschmorte oder frittierte Hühnchen, das President Barack Obama heißt.

Wenn du dich einmal quer durch verschiedene Gerichte probieren möchtest, empfehle ich dir das Jacob Restaurant. Hier gibt es ein großartiges Buffet mit einer riesigen Auswahl an Fleisch, Salaten und Desserts. Auch vegetarische und vegane Speisen sind ausreichend vorhanden – mein persönliches Highlight, da ich kein Fleisch esse. Der Preis wird nach Gewicht berechnet, aber er ist vollkommen in Ordnung für New Yorker Verhältnisse. Der Pie schmeckt, als hätte die Köchin ihn eben noch zum Auskühlen auf die Fensterbank gestellt. YUM! Und hey, es ist okay, wenn du als Abschluss deinen Hosenknopf öffnen musst.

Ein weiteres Harlem-Juwel ist Melba's. Die Besitzerin hat als junge Frau bei Sylvia's gearbeitet, ehe sie ihr eigenes Restaurant eröffnet hat. Man sagt, dass Essen im Melba's schmecke so, als würde man nach Hause zum

Dinner kommen. Das kann ich nur bestätigen. Die Homemade Mashed Potatoes sind Comfort Food durch und durch, und die Mac and Cheese lassen dir das Wasser im Mund zusammenlaufen. Im Restaurant hängen Gemälde von Jean-Michel Basquiat – eine sehr besondere Atmosphäre.

Abschließend bekommt ihr von mir noch eine Serienempfehlung zur Einstimmung: *Streetfood: USA* auf Netflix, und zwar die Folge über Harlem Seafood Soul. Sehr berührend wird unter anderem die Geschichte von Tami Treadwell erzählt, die sich ihren American Dream erfüllt hat und einen eigenen Food Truck im Herzen Harlems führt. Treadwell ist in dieser Neighborhood groß geworden und bereitet die Speisen voller Stolz und mit viel Leidenschaft zu. Bekannt wurde sie als »Seafood Lady«, die mit ihren Garlic Butter Shrimp and Grits und Fried Mac and Cheese Balls und ihrer herzlichen Art sowohl die Herzen berührt als auch die Mägen füllt.

Ich habe euch hier natürlich lediglich eine kleine persönliche Auswahl an Soul-Food-Restaurants vorgestellt. Doch allen ist gemein, dass sie nicht nur mit Liebe gekochte Gerichte, sondern vielmehr enorm wichtige Orte bieten, an denen die Community zusammenkommen kann. Über reichlich gefüllten Tellern wird die kulturelle Tradition und ihre Geschichte gefeiert und an die kommenden Generationen und Interessierte weitergetragen. In Harlem steht das afroamerikanische Erbe im Zentrum – und seine Küche wird dir das so vermitteln, dass alle deine Sinne auf ihre Kosten kommen. Guten Appetit!

Locations

SYLVIA'S:
328 MALCOLM X BLVD

AMY RUTH'S:
113 W 116TH ST

JACOB RESTAURANT:
373 MALCOLM X BLVD

MELBA'S:
300 W 114TH ST

SEAFOOD LADY:
125TH STREET &, ADAM CLAYTON POWELL JR BLVD

BROOKLYN

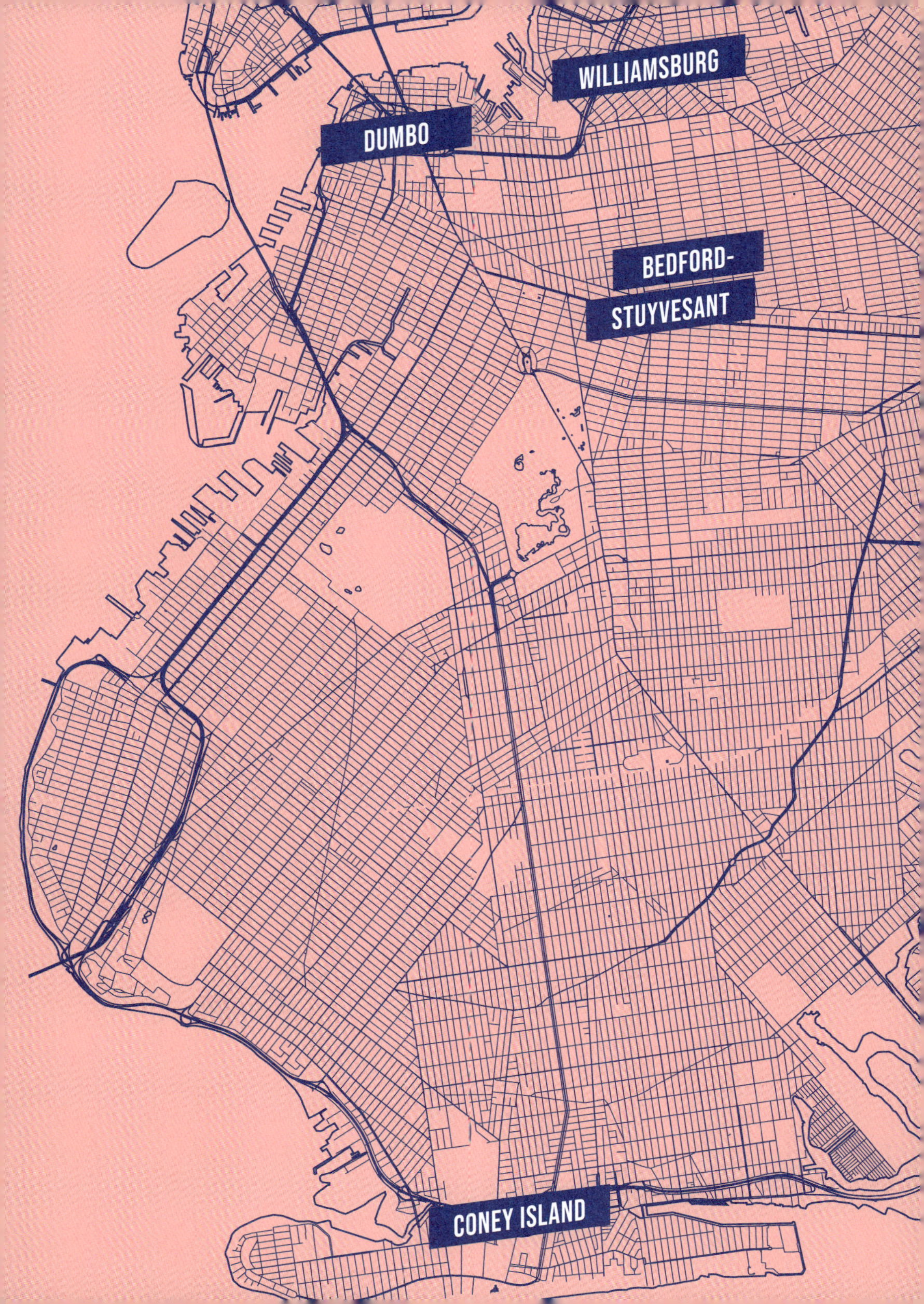
WILLIAMSBURG
DUMBO
BEDFORD-
STUYVESANT
CONEY ISLAND

WILLIAMSBURG

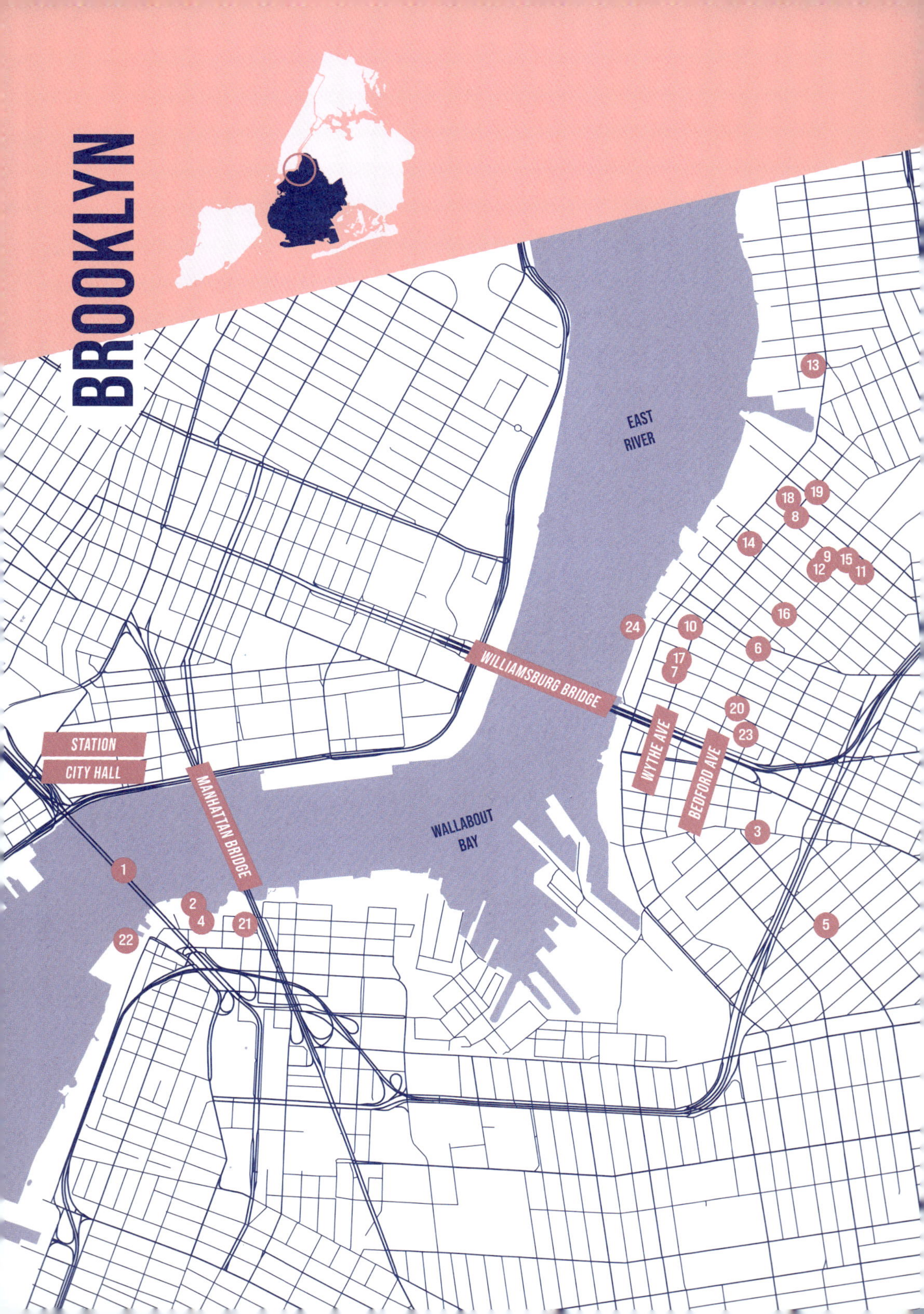
BROOKLYN
EAST
RIVER
WILLIAMSBURG BRIDGE
WYTHE AVE
BEDFORD AVE
STATION
CITY HALL
MANHATTAN BRIDGE
WALLABOUT
BAY
1
2
3
4
5
6
7
8
9
10
11
12
13
14
15
16
17
18
19
20
21
22
23
24

WILLIAMSBURG

Must-see

So delicious

But first coffee

Let's go shopping

Drinks, drinks, drinks

Perfect pic

A day well spent

Williamsburg in Brooklyn mag kein Geheimtipp mehr sein, dennoch wimmelt es noch nicht so von Touris. Als ich zum ersten Mal hier war, habe ich mich schockverliebt – selten habe ich mich an einem Ort direkt so wohlgefühlt. In Williamsburg treffen zwei sehr gegensätzliche Welten aufeinander: orthodoxe Juden und Hipster. Ein spannender Kontrast. Beiden faszinierenden Welten wirst du heute begegnen.

Für mich ist Williamsburg mittlerweile ein Muss bei jeder New-York-Reise, selbst wenn ich nur stundenlang in einem Coffee Shop abhänge, ein Buch lese und die Menschen beobachte: extrem inspirierend. Diese Neighborhood ist so unglaublich cool – und die Leute hier sind noch viel cooler! Wenn du auf schöne Cafés mit köstlichem Kaffee, kleine Shops mit Charakter und Buchläden mit Charme stehst, ist das der perfekte Ort für dich. Habe ich dich überzeugt?

Okay, dann let's go ...

Mich faszinieren die Menschen in Williamsburg, die aus den unterschiedlichsten Welten kommen. Diversität pur!

Schnapp dir Coffee und Pie von Martha's Country Bakery – mein Highlight bei jedem Besuch im hippen Williamsburg.

Am besten stehst du früh auf, dann hast du die Chance, eine noch schläfrige Großstadt zu erleben. Schnapp dir einen Coffee to go und fahr mit der Subway bis zur Station Brooklyn Bridge – City Hall. Wir starten unseren Williamsburg-Spaziergang nämlich erst mal in Manhattan und laufen über die berühmte ⟶ **Brooklyn Bridge**. Auf der Brücke sind frühmorgens höchstens ein paar Jogger*innen oder Menschen, die vor der Arbeit mit ihrem Hund eine Runde drehen. Aber vor allem: noch kaum Tourist*innen. Die Brooklyn Bridge führt über den East River hinweg und ist eines der bekanntesten New Yorker Wahrzeichen. Ein Spaziergang über die Brücke ist übrigens auch abends im Dunkeln überwältigend – die komplette Skyline versinkt dann in einem Lichtermeer!

SUBWAY STATION

1 BROOKLYN BRIDGE – CITY HALL

must-see

magic moment

Pack deine Kopfhörer aus, bevor du die Brooklyn Bridge betrittst, und mach den Song *Empire State of Mind* von Alicia Keys und Jay-Z an. Du hörst nun *die* New-York-Hymne schlechthin und bahnst dir deinen Weg in Richtung Brooklyn. Fast leer liegt die beeindruckende Brücke vor dir – perfekt für ein paar Schnappschüsse ohne Menschen. Lass dir Zeit, dreh dich immer wieder mal um, um die allerschönste Sicht auf die Skyline von Manhattan zu genießen. »Concrete jungle where dreams are made of. There's nothing you cant't do. Now you're in New York, these streets will make you feel brand new. Big lights will inspire you.«

Wir befinden uns jetzt zunächst im Stadtteil Dumbo. Um dich für unseren Weg nach Williamsburg zu stärken, besorgst du dir nach der Dumbo-Fotosession im ⟶ **Time Out Market** einen leckeren, noch warmen Scone mit frischer hausgemachter Marmelade. Neben den weltbesten Scones gibt's hier viele weitere lokal hergestellte Leckereien. Der Food Court bietet eine unfassbare Auswahl, die regelmäßig wechselt.

4 55 WATER ST

delicious

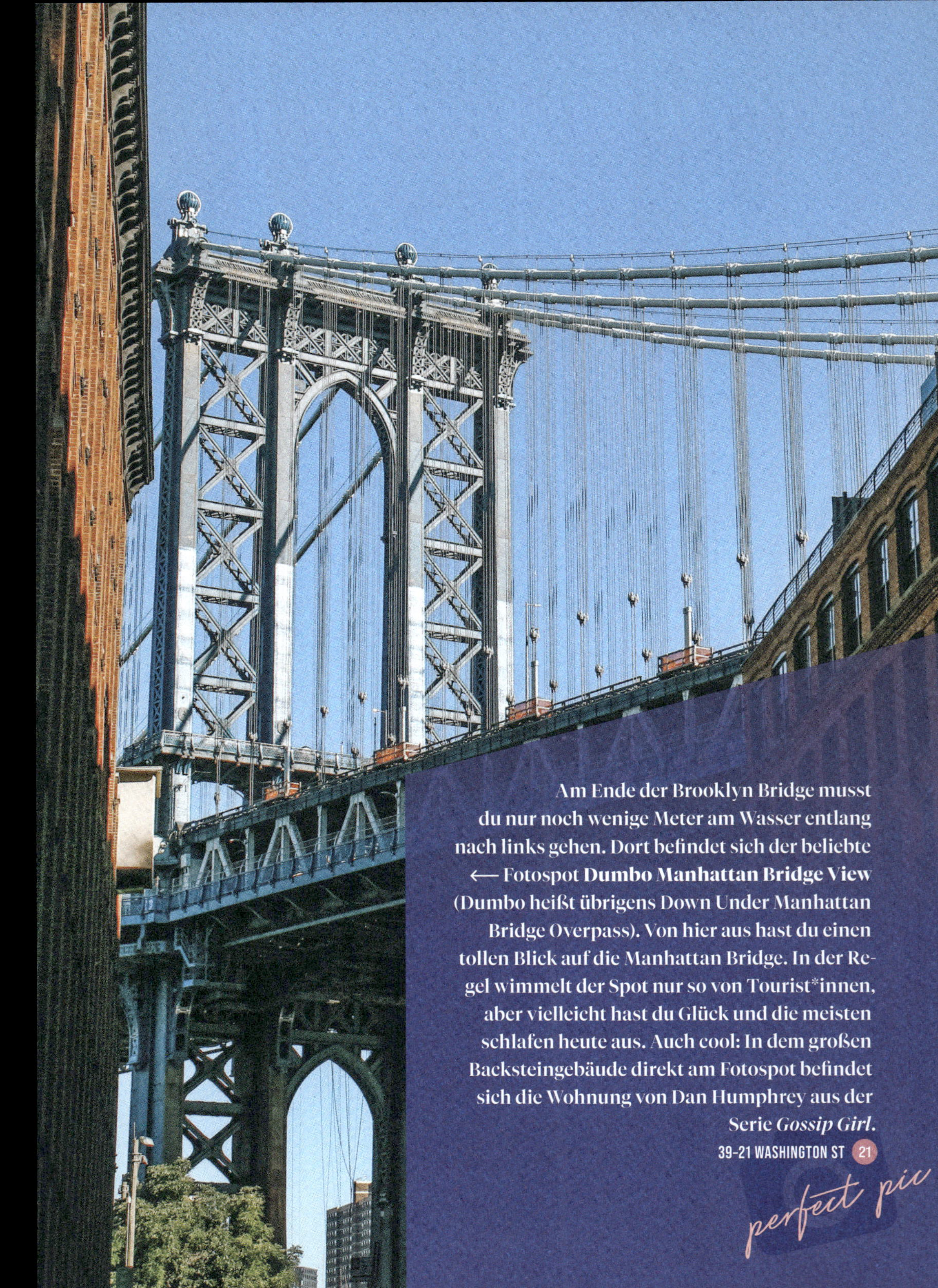

Am Ende der Brooklyn Bridge musst du nur noch wenige Meter am Wasser entlang nach links gehen. Dort befindet sich der beliebte ← Fotospot **Dumbo Manhattan Bridge View** (Dumbo heißt übrigens Down Under Manhattan Bridge Overpass). Von hier aus hast du einen tollen Blick auf die Manhattan Bridge. In der Regel wimmelt der Spot nur so von Tourist*innen, aber vielleicht hast du Glück und die meisten schlafen heute aus. Auch cool: In dem großen Backsteingebäude direkt am Fotospot befindet sich die Wohnung von Dan Humphrey aus der Serie *Gossip Girl*.

39–21 WASHINGTON ST 21

perfect pic

Am Ufer des East River kriegst du tolle Fotos hin. Da schmeckt das Street Food vom Time Out Market gleich noch besser.

Mein Ritual ist es, meine Ausbeute auf einer nahe gelegenen Parkbank mit Blick auf ⟶ **Jane's Carousel,** ein wunderschönes altes Karussell, den East River und die glitzernden Fassaden von Manhattan zu frühstücken. Ich liebe die Ruhe an diesem Ort. Fernab vom Trubel Manhattans hörst du hier außer den Möwen und dem Plätschern der Wellen nur deine eigenen Gedanken. Ich genieße die Stille hier immer sehr, schreibe Tagebuch oder beobachte die vorbeischlendernden Menschen.

2 **BROOKLYN BRIDGE PARK, EINGANG DOCK ST**

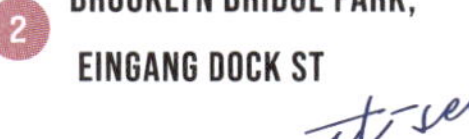

22 **BROOKLYN BRIDGE PARK, EINGANG FURMAN ST**

perfect pic

Wenn du deinen Scone gefuttert hast, lohnt sich ein Abstecher zum ⟶ **Pier 1**, einem kleinen Park direkt am Wasser auf der anderen Seite der Brooklyn Bridge. Hier gibt es nicht nur unzählige herumtobende Eichhörnchen, sondern auch einen guten Fotospot, an dem nicht so viel los ist. Du kriegst super Bilder von der Skyline Manhattans und dem One World Trade Center hin.

magic moment

Jetzt geht's endlich nach Williamsburg! Gönn dir eine kurze Pause und nimm die Subway von der Haltestelle York Street aus. Ich liebe den Subway Vibe, besonders in Brooklyn: New Yorker*innen hautnah. Sie fahren zur Arbeit, lesen interessante Bücher, trinken ihre oversized Coffees, unterhalten sich angeregt oder nicken noch mal ein. Sie sehen extrem verschieden aus: Brooklyn Hipster neben Muttis mit Kinderwagen. Offensichtlich leben sie in völlig unterschiedlichen Welten. Diversität pur, und niemanden stört das. Zwischendurch steigt jemand ein, performt eine Choreografie oder zeigt irgendein akrobatisches Kunststück und lockt so allen ein paar Dollar aus der Tasche. Mich fasziniert genau das: das alltägliche Leben New Yorks.

SUBWAY STATION MARCY AV 3

must-see

Fahr bis zur Station Marcy Av und lauf dann ein Stück in Richtung Lee Avenue. Schon bist du mitten in der Hochburg der ⟵ **jüdisch-orthodoxen Gemeinde**. Du wirst dich kurz fühlen, als hättest du eine Zeitreise gemacht: Männer mit gedrehten Schläfenlocken, Zylindern und langen schwarzen Mänteln. Frauen mit blickdichten Strumpfhosen und Perücken, umringt von einer Schar altmodisch gekleideter Kinder. Schilder in hebräischer Schrift und Läden voller koscherer Köstlichkeiten. Wundere dich nicht, die Bewohner*innen dieses Viertels werden dich kaum beachten, das ist auf ihre Doktrin zurückzuführen.

159 LEE AVE 5

delicious

Setz dich in ⟵ **Sander's Bakery** und bestell dir ein Stück Challah. Die Bakery ist die perfekte Location, um in das Buch *Unorthodox* von Deborah Feldman reinzulesen, einer ehemaligen Angehörigen der ultraorthodoxen Community Williamsburgs. Sie beschreibt ziemlich schonungslos auch die schwierigen Seiten dieser Lebensweise. Wenn du ein Lesemuffel bist, pack deine Kopfhörer aus und streame die erste Folge der gleichnamigen Netflix-Serie. Du wirst die Gepflogenheiten der Menschen, die gerade um dich herum ihrem alltäglichen Leben nachgehen, besser verstehen und bekommst außerdem ein Gefühl für die Vielseitigkeit von Williamsburg.

In der Hochburg der jüdisch-orthodoxen Gemeinde fühlt man sich, als hätte man eine Zeitreise gemacht.

Diversität pur!

perfect pic

Lauf weiter in Richtung Bedford Avenue, die quer durch Williamsburg führt und weiter nördlich zu einer hippen Einkaufsstraße mit süßen Cafés wird. Wenn du auf Street Art stehst, leg einen kurzen Stopp beim Fahrradladen ⟶ **Brooklyn Sun & Air** ein. Diese unglaublich coole Wand habe ich vor einigen Jahren zufällig entdeckt, als ich den Pie-Laden gegenüber ausprobieren wollte. Ich empfehle dir generell, so viel wie möglich zu Fuß zu erkunden, da du an jeder Ecke tolle Straßenkunst entdecken kannst. Seit der Gentrifizierung Brooklyns ist vor allem Williamsburg zum Mittelpunkt der kreativen Szene geworden. Von Fotografie und Musik über Kunst bis hin zu kulinarischen Highlights: Williamsburg ist eine Wundertüte! 23 788 DRIGGS AVENUE

Wenn du die Bedford Avenue weiter hochläufst, merkst du schon, wie sich die Umgebung verändert. Lässig gekleidete junge Menschen, coole Vintage-Läden und kleine Boutiquen. Ein Coffee Shop ist ästhetischer als der nächste, sodass du dich kaum entscheiden kannst, wo du dir deinen Cappuccino für 8 Dollar holst. Williamsburg ist leider unglaublich teuer geworden, seit es zum In-Viertel mutiert ist. Ich persönlich liebe vor allem den Coffee Shop ⟶ **Devoción**. Der Kaffee wird hier selbst geröstet, und du sitzt gemütlich unter einem Glasdach, umringt von zahllosen Pflanzen. Hier kam ich einmal mit einem Schriftsteller ins Gespräch. Er erzählte mir, dass er jeden Tag hier sitze und schreibe. Es sah aus, als würde er Tagebuch führen, da er handschriftlich seine Seiten füllte. Ich fragte ihn, warum er nicht tippe, das würde seine Arbeit doch eindeutig erleichtern. Seine Antwort mit einem schiefen Grinsen: »Weil ich die Menschen so viel nahbarer beschreiben kann, das kommt mir irgendwie ehrlicher vor.« Das fand ich total schön.

10 69 GRAND ST

coffee

Immer wenn ich hier bin, inspirieren mich die coolen Outfits der Williamsburger*innen, direkt in den nächsten Vintage-Klamottenladen zu springen. Hier kannst du nicht nur toll bummeln, sondern auch besondere Schätze finden und Schnäppchen schießen. Mein absolutes Lieblingsteil ist und bleibt eine alte NY-Knicks-College-Jacke, die ich mal bei ⟶ **Monk Vintage** ergattert habe.

shopping

11 500 DRIGGS AVE

Wenn du zu denen gehörst, die schon alles haben, empfehle ich dir ⟶ **Brooklyn Woke Vintage**. Hier wirst selbst du so richtig spüren, was du unbedingt noch alles brauchst. Einen alten Baseballhandschuh? Klar. Eine Buzz-Lightyear-Actionfigur? Auf jeden Fall.

12 158 BEDFORD AVE

Blueberry
Apple Crumb
BROOK
WONDERWORLD

YN
N AND AIR
ROSS ST
NE WAY
Lefkowitz

Alte Postkarten aus den 1940ern? Natürlich. Dieser Laden ist zum Durchtrödeln ziemlich spektakulär. Nichts passt zusammen, und trotzdem ergibt sich ein durchaus stimmiges Gesamtbild. Und hey, don't judge – mein Buzz Lightyear sieht wirklich grandios aus auf dem Retro-Kühlschrank in meiner Wohnung.

263 BEDFORD AVE 6

delicious

Mein kulinarisches Highlight bei jedem Besuch in Williamsburg ist der fantastische Pie von ⟵ **Martha's Country Bakery.** Die Auswahl an Kuchen, Pies, Cookies und sämtlichen anderen Backwaren, die man sich vorstellen kann, ist einfach unglaublich. Und mmmh ... wie es hier duftet! Ich habe den Geruch direkt wieder in der Nase. Die Angebote variieren je nach Saison – ich empfehle sowohl den Pumpkin Pie im Herbst als auch den Berry Pie im Sommer allerwärmstens!

DOMINO PARK, 15 RIVER ST 24

Ich bestelle mir mein Stück Kuchen meistens to go und laufe hinunter zum ⟶ **Domino Park.** Mit der umwerfenden Aussicht auf die Williamsburg Bridge und Manhattan schmeckt der Pie nämlich sogar noch ein bisschen besser. Du fragst dich mittlerweile bestimmt: »Wie oft soll ich denn noch auf Manhattan schauen?« Aber ich verspreche dir: This view NEVER gets old. Außerdem ist der Park sehr gepflegt, und es macht Spaß, die Familien beim Picknicken oder beim Spielen mit ihrem Hund zu beobachten.

perfect pic

49 FRANKLIN ST 13

shopping

Hier noch ein persönlicher Shopping-Tipp: Wenn du ohnehin schon in diesem Teil der Stadt bist, kannst du einen Umweg zu meinem Lieblingsklamottenladen machen: ⟵ **Only NY,** ein kleines New Yorker Label. Nicht ganz günstig, muss ich zugeben, aber mit den Street-Style-Teilen siehst du beinahe aus wie ein echter Local. Authentischer geht es gar nicht. Die Boys, die dort arbeiten, wirken auf den ersten Blick too cool for School, sind aber superfreundlich und hilfsbereit. Und sie können dir gute Tipps geben – frag einfach mal nach!

shopping

70 N 7TH ST 14

Ich liebe es ja generell, über Flohmärkte zu schlendern und zwischen absolutem Ramsch kleine Schätze zu finden. Den folgenden Tipp habe ich im Chelsea-Kapitel (Seite 42) bereits erwähnt, aber da die verschiedenen Standorte einen jeweils anderen Vibe haben, gebe ich ihn dir hier noch mal: ⟵ **Artists & Fleas** in Williamsburg ist etwas ganz Besonderes, der süßeste Flohmarkt ever, auf dem Künstler*innen ihre Kunst, selbst

Domino Park Vibes

Ich setz mich oft mit einem Stück Pie in den gepflegten Domino Park mit der umwerfenden View auf die Williamsburg Bridge.

Jüdisch-orthodoxe Community und Hipster: In Williamsburg treffen zwei sehr gegensätzliche Welten aufeinander. Ein faszinierender und spannender Kontrast, den es wohl nur hier so gibt.

Ganz normale New Yorker Familien

Ich kriege von der Aussicht auf die Skyline von Manhattan einfach nie genug. Zum Glück kann man ständig neue Spots mit einer tollen View entdecken.

designten Schmuck oder Kleidung verkaufen. Ich habe mich hier mal in einen handgemachten Ring verliebt, den ich schon seit Jahren trage. Und auch du wirst sicher superschöne und außergewöhnliche Mitbringsel finden. Im Hintergrund laufen coole Beats, manchmal gibt es sogar eine*n Live-DJ*ane und Coffee to go sowieso. Auch wenn du nichts kaufen möchtest, ist das einfach ein toller Ort zum Abhängen und Leutegucken. Aber Achtung! Artists & Fleas ist nur samstags und sonntags geöffnet.

shopping

167 N 9TH ST 15

Wenn du auf Vinyl stehst, musst du unbedingt zu ← **Earwax Records**! Ein unglaublicher Plattenladen mit einer riesigen Auswahl. Von Alt bis Neu. Von Mainstream bis Underground. Gegründet wurde der Laden in den Neunzigern, und die Besitzer*innen versuchen seitdem, die Preise moderat zu halten. Man kann in jede Platte reinhören und so easy seine Zeit vertrödeln.

shopping

342 WYTHE AVE 16

Hast du die erste Staffel der Netflix-Serie *YOU!* gesehen? Falls ja, wird dich ← **Spoonbill & Sugartown Books** flashen – es ist zwar nicht die original Film-Location, aber mich hat der Buchladen sehr an die Serie erinnert. Ich dachte die ganze Zeit, dass bestimmt gleich Joe Goldberg um die Ecke kommt, um mir ein Buch zu verkaufen. Aber auch wenn du die Serie nicht gesehen hast, bietet dieser Book Store eine geniale Mischung aus alten und neuen Büchern. Außerdem: Warst du wirklich in Brooklyn, wenn du nicht in einem Buchladen gestöbert hast?!

Stehst du auf Vinyl? Dann wirst du Earwax Records lieben. Du kannst in die Platten reinhören und endlos Zeit vertrödeln.

Hipster Paradise

Williamsburg ist auch kulinarisch zum In-Viertel mutiert. Vom Brunch bis zum stylischen Rooftop Dinner: Yummy!

Ich erinnere mich an einen schönen Herbsttag, an dem ich vor einer Verabredung noch etwas Zeit hatte und ins ⟶ **12 Chairs Café** gegangen bin. In der Abendsonne habe ich einen leckeren Weißwein an einer Art Theke mit Blick auf die Bar getrunken. Der perfekte Spot für einen Sundowner, aber noch viel mehr, um die Feierabend-Crowd zu beobachten. Brooklyn Girls and Boys, die sich auf einen After Work Drink treffen und sich schon für den Abend gestylt (also Birkenstocks gegen Clarks getauscht) haben. Diese fröhlich-erwartungsvolle Stimmung ist so ansteckend, dass man für einen Moment alles vergisst und das Leben einfach nur schön ist.

17 **342 WYTHE AVE**

drinks

Weil du nun von dem ganzen Rumlaufen, Shoppen und Staunen bestimmt Hunger bekommen hast, stelle ich dir hier eine kleine Auswahl meiner Lieblingsrestaurants in Williamsburg zusammen:

delicious

Der Name verrät es eigentlich schon! Das ⟶ **Sunday in Brooklyn** schreit förmlich nach einem cozy Sonntagsbrunch. Du bekommst hier in der Tat eine riesige Portion Pancakes, aber auch an jedem anderen Tag der Woche und nach der Brunch-Zeit sehr gutes, authentisches all american Food, also Burger und Co.

7 **348 WYTHE AVE**

In Williamsburg ist es wirklich nicht schwer, lecker zu essen, aber das ⟶ **Laser Wolf Brooklyn** ist eine sinnliche Experience. Köstlichstes israelisches Essen in stylischem Hotelambiente inklusive Rooftop. Der Laden ist natürlich nicht gerade günstig, aber wenn du kannst, solltest du dir hier ein Dinner gönnen!

delicious

8 **97 WYTHE AVE**

Bei ⟶ **Vinnie's Pizzeria** bekommst du köstliche Pizza in verschiedenen Variationen (irgendwie geil: Mac and Cheese Pizza). Außerdem gibt's draußen eine sehr coole Ninja-Turtles-Street-Art-Wand, die sich als lässiger Fotospot eignet.

9 **148 BEDFORD AVE**

Kennst du das? An manchen Abenden fühlst du dich total fancy, brezelst dich auf und möchtest ausgefallene Cocktails schlürfen. An anderen Abenden willst du einfach nur in deiner verbeulten Jeans in einer entspannten Location ein solides Bier trinken. Bei mir variiert das jedenfalls ständig, also gibt's hier Tipps für beide Moods – und auch für irgendwas in der Mitte.

drinks

96 WYTHE AVE 18
79 N 11TH ST 19
331 BEDFORD AVE 20

⟵ **The Water Tower Bar** ist eine Hotelbar mit magic View auf die Skyline Manhattans und super Cocktails. Einen unglaublichen Blick hast du hier auch auf die jungen Wilden der New Yorker Partyszene. Coole Grüppchen, die sich zur Musik bewegen und lässig an bunten Drinks nippen. Es gibt auch einen Außenbereich, von dem aus du die Stadtlichter bewundern kannst, während du deinen – tja, so ist es leider – 20-Dollar-Espresso-Martini genießt.

Die berühmte ⟵ **Brooklyn Brewery** ist wesentlich rustikaler und schenkt vergleichsweise günstiges, aber extrem leckeres lokales Bier aus. Die vielen unterschiedlichen Sorten werden alle frisch vor Ort gebraut und in Holzbehältern serviert. Richtig schön ist im Sommer auch der Biergarten. Wenn du den Kellner*innen gegenüber erwähnst, dass du aus Deutschland kommst, wird natürlich sofort über Bier gefachsimpelt. Ist ja klar.

Wenn ich weder in Cocktail- noch in Bier-Stimmung bin, gehe ich gern ins ⟵ **Sauced**, eine gemütliche Weinstube ohne Weinkarte. Du beschreibst der Kellnerin oder dem Kellner, was du magst, und bekommst eine eigens für dich ausgewählte Flasche Wein.

Gönn dir nach der Jagd auf coole Streetwear ein Bier in der Brooklyn Brewery. Und sag, dass du aus Deutschland kommst.

Kleine Auszeit with a View

Mein New-York-Ritual: Ich nehme meinen Coffee to go immer mit zu Jane's Carousel und genieße die Ruhe am East River.

STREET-ART *in New York*

Street-Art ist schnelllebig. Bei jedem Besuch sind ein paar Kunstwerke verschwunden. Dafür entdecke ich wieder neue.

MESSAGE AUF DER STRASSE

Ich treffe den Graffiti-Künstler Gazoo im Now Or Never Coffee in SoHo. Er kommt lässig mit seinem Retro-Fahrrad angefahren und entschuldigt sich für seine Verspätung. Wie cool er aussieht, denke ich. Sein Schlüsselbund baumelt an einem Karabinerhaken an der dunklen Hose. Er trägt ein braunes Workwear-Hemd, schwarze Chucks und eine Cap mit seiner Kunst drauf. So sehen Street-Art-Künstler also aus. Die New Yorker Street-Art ist für mich bei jedem Besuch ein besonderes Highlight. Nicht nur, weil sie so schnelllebig ist und an jeder Ecke plötzlich ein anderes Kunstwerk eine Wand zieren kann. Sondern auch, weil sie so nahbar ist. Beinahe schon »barrierefrei«, da man förmlich über sie stolpert, wenn ein Artist sein Werk auf dem Bürgersteig verewigt hat.

Ich kenne Gazoos Kunst schon seit Jahren. Als ich im April 2023 mal wieder in New York war, erzählte mir eine Bekannte, dass sie ihn über Ecken kenne. New York ist eben auch nur ein Dorf. Ich war superneugierig, ihn zu treffen, und so hat sie mir kurzerhand seine Handynummer besorgt. Innerhalb von drei Minuten hat er geantwortet: »Hey, hey. Yah, let's do it.«

Ich bedanke mich, dass er sich die Zeit nimmt, und hole uns jeweils einen Iced Coffee. Er will sich zusätzlich einen Snack holen, doch die Kellnerin meint, dass die Küche wegen Personalmangels heute kalt bleiben müsse. »Want me to jump in?«, witzelt er. Doch ich sehe ihm an, dass er das tatsächlich machen würde. Gazoo wirkt sofort sympathisch, ein großer schwarzer Mann mit einem ansteckenden Lachen. Er erzählt mir, wie er aufgewachsen ist. Gemeinsam mit seiner Familie lebte er auf einer kleinen Insel in der Karibik. In den 1990er-Jahren explodierte der örtliche Vulkan, hüllte die ganze Kleinstadt in Asche und machte viele Häuser unbewohnbar. Über ein Drittel der Bewohner*innen verließ daraufhin die Insel. Gazoos Familie entschied sich jedoch zu bleiben, bis ein paar Jahre später ein Hurrikan ihr Haus zerstörte. Da die Lebensbedingungen ohnehin immer schwieriger wurden, starteten sie ein neues Leben in den USA. Zu diesem Zeitpunkt war er ein Teenager, doch schon als Kind drehte sich bei ihm alles um Kunst, erzählt er mir. Seit er denken kann, hat er getanzt, gesungen, geschauspielert und gemalt, um sich auszudrücken. In seiner Familie waren fast alle Männer von Beruf Automechaniker, er wehrte sich dagegen und wurde stattdessen Zimmermann, da er Dinge mit seinen Händen bauen wollte. Das macht er neben seinem Job als Künstler übrigens immer noch: Er baut Filmsets, Restaurants und Bars.

Sein Graffiti »to the moon« ist inspiriert von einem Sprichwort. In seiner karibischen Heimat sagt man das, um Menschen zu motivieren, ihnen Kraft zu geben – die Hoffnung auf ein besseres Leben. Es gibt Lieder und Tänze rund um diese Message. Gazoo und einer seiner Freunde, ein bekannter Tänzer, saßen eines Abends zusammen, philosophierten und alberten herum, bis einer der beiden sagte:

»Hey, everyone says it's to the world, but it really is to the moon!« »To the moon« steht also für große Träume und Ziele, die man verfolgen soll – eine positive, Mut machende Message. Gazoo fing an, das Motiv zu malen, und DJ-Freunde griffen den Satz für ihre Musik auf. Zu diesem Zeitpunkt wurde es bereits sein Markenzeichen, aber es war noch kein Graffiti.

2012 kam er in SoHo mit einer Gruppe von schwarzen Kids aus der Karibik ins Gespräch, die gerade versuchten, ihre Kunst an einem Straßenstand zu verkaufen. Sie kannten seine Kunst bereits und fragten ihn, warum er es nicht als Graffiti sprühte, um die Menschen zu erreichen. Das war der Beginn von Gazoos Kunst auf den Sidewalks von New York. Er wurde in Blogs erwähnt, Menschen fotografierten seine Werke, und so wurde er lokal bekannt. Das besondere an einer Kunst, wie Gazoo sie macht, ist, dass seine Werke immer wieder plötzlich irgendwo auftauchen. Meistens sprüht er da, wo er eben gerade unterwegs ist (viel in Bushwick oder Greenpoint, Brooklyn). Ein paar Wochen später könnten der Regen und die Schritte der darüberlaufenden Menschen sein Graffiti schon wieder verschwinden lassen.

Gazoo erzählt, wie die Graffiti-Kunst sich in den späten 1960er-Jahren in der Bronx entwickelt habe. Ursprünglich ein Element von Hip-Hop, wanderte die Straßenkunst in die Subway von New York und wurde in und auf Züge

Everyone says it's to the world, but it's to the moon!

Sprayer*innen bleiben eigentlich immer inkognito. Ich bin superhappy, dass ich ein Foto von Gazoo machen darf.

Gazoos Kunst ist auf den Sidewalks von New York zu finden. Meistens sprüht er da, wo er eben gerade unterwegs ist.

TO-THE-MOON-GRAFFITI

Gazoos Werke auf den Straßen wandeln sich regelmäßig. Schau bei deinem New-York-Besuch auf seiner Instagram-Seite vorbei, wenn du gezielt etwas finden möchtest. Ansonsten kannst du einfach bei Ponyboy in Greenpoint vorbeibummeln, dort stehen die Chancen sicherlich sehr gut, ein Werk zu spotten!

gesprayt. Auch heute ist Graffiti meistens noch illegal, Gazoo selbst wurde bereits zweimal beim Sprayen erwischt und verhaftet. Beim ersten Mal wurde er von den Polizisten verprügelt und landete im Krankenhaus, beim zweiten Mal gab es fünf Tage Gefängnis und dann Sozialstunden. »Das hält mich aber ganz sicher nicht auf. Ich bin jetzt nur vorsichtiger«, sagt er und grinst. Als ich ihn auf die Polizeigewalt bei seiner ersten Verhaftung anspreche, antwortet er: »Das ist auch ein Grund, warum ich sprühe! Es soll schwarzen Kids Mut machen, dass sich was ändern kann! To the moon, sie sollen nach den Sternen greifen!«

Ich frage ihn, warum er in New York lebe und was die Stadt für ihn so besonders mache. Gazoo erzählt, dass er an vielen Orten in den USA gelebt habe, aber keine Stadt habe ihn so verzaubert wie New York. »Es ist so einfach, überall hinzukommen, vor allem im Vergleich zu anderen Städten in Amerika. Ich kann einfach mit dem Rad fahren. Auf dem Weg hierher musste ich dreimal anhalten, weil ich jemanden getroffen habe. Ich liebe das.«

Gazoo erzählt von seiner Neighborhood, Bushwick, hier fühlt er sich richtig zu Hause, da der Stadtteil sehr communitybasiert ist. »Hier leben viele Menschen aus der Karibik, wir sind jetzt alle New Yorker*innen, wir supporten uns. Die Energie ist einfach sehr positiv!« Er erzählt von seiner Stammbar **Ponyboy** in Greenpoint, die er mit Freund*innen aufgebaut hat. Es gibt Cocktails und wechselnde Kunst von Locals, um sich gegenseitig zu unterstützen. Und Gazoo hängt mit seinen Freund*innen regelmäßig hier ab, um sich inspirieren zu lassen.

Außerdem berichtet er, dass er die lange Geschichte der Stadt faszinierend finde. Wie sie sich im Laufe der Jahre gewandelt und verändert habe. Dass die Menschen in New York wie nirgends sonst seien: Träumende. Weil man in New York alles erreichen könne. »Manchmal stelle ich mir vor, wie jemand gerade neu in New York ankommt, total überfordert ist, vielleicht aufgeben möchte und dann mein Graffiti auf der Straße liest. Er könnte das als Zeichen sehen. Ich könnte Menschen davon abhalten aufzugeben, sie motivieren ... Das macht mich glücklich.«

Ich bedanke mich bei Gazoo für das spannende Gespräch, er bedankt sich für den Kaffee. »Aber soll ich jetzt noch ein Graffiti für dich sprayen?«, fragt er, als wir schon aufgestanden sind. Ich schaue ihn verwundert an und frage, ob er denn eine Sprühflasche dabeihabe. Er sagt, dass er immer mit einer Sprühflasche herumlaufe, um jederzeit sprayen zu können, wenn er es fühle. Ich bin superhappy, dass er es wohl gerade fühlt. Wir laufen ein paar Meter, bis er den perfekten Spot auf dem Sidewalk gefunden hat. Sprayer*innen bleiben eigentlich immer inkognito und zeigen ihr Gesicht nicht auf Fotos auf Instagram und Co. Ich darf trotzdem ein Foto von ihm machen, wie er das Graffti sprüht: TO THE MOON.

Locations

NOW OR NEVER COFFEE,
30 GRAND ST, BROOKLYN

PONYBOY, 632 MANHATTAN AVE, BROOKLYN

BEDFORD-STUYVESANT

EVERY LITTLE
THING IS GONNA
BE ALRIGHT.
RAY FERRER
ARTIST, ARMY VETERAN
RIP
Deli

BROOKLYN
TOMPKINS AVE
5
3
DEKALB AVE
1
LAFAYETTE AVE
10
6
12
2
8
7
9
GATES AVE
4
11

BEDFORD-STUYVESANT

So delicious

But first coffee

Let's go shopping

Chill out

Drinks, drinks, drinks

Perfect pic

Das neue hippe Viertel

Bedford-Stuyvesant habe ich erst seit Kurzem auf dem Schirm. Bekannt ist Bed-Stuy für seine diverse Community und die pulsierenden Kulturen. Neben der für Brooklyn typischen wunderschönen Brownstone-Architektur hat es auch künstlerisch enorm viel zu bieten. Es ist noch mitten im Gentrifizierungsprozess und damit sehr im Wandel.

Zum ersten Mal bin ich hier gelandet, weil eine Instagram-Freundin in der Ecke wohnt. Es war unser erstes Treffen im Real Life. Wir saßen in der Herbstsonne auf einer Wiese und haben uns unterhalten, als würden wir uns jede Woche zum Kaffee treffen. Danach dachte ich, dass ich mich in der Area ja etwas umschauen kann, wenn ich schon einmal hier bin. Eine Entscheidung, die mich einmal mehr zum Wannabe Local gemacht hat. Bed-Stuy ist Brooklyn durch und durch. So leben New Yorker*innen fernab des Trubels. Entdecke mit mir eine Ecke New Yorks, in die sich noch kaum ein Touri verläuft.

Let's go...

In Bed-Stuy wird der Community-Gedanke hochgehalten. Du findest hier die diversesten Kulturen auf engstem Raum.

Eine Süßmaus wie mich kriegt man mit Donuts. In Bed-Stuy gibt es viele cozy Bakeries und Coffee Shops.

Starte den Tag mit ein paar köstlichen Donuts von ⟶ **Fan Fan Doughnuts**. Der Laden hat eine tolle Auswahl an typischen Backwaren und neuen Kreationen. Mein Favorite bleibt für immer der Boston Creme mit seiner leckeren Vanillecreme. Schnapp dir deine Ausbeute und pflanz dich in den nahen ⟶ **Herbert Von King Park**, um sie zu verdrücken und vielleicht noch ein paar Sonnenstrahlen aufzusaugen. Währenddessen kannst du den Kids beim Basketballspielen zuschauen.

1 **448 LAFAYETTE AVE**
10 **670 LAFAYETTE AVE**

delicious & chill

Bedford-Stuyvesant strotzt förmlich vor Community und cozy Neighboorhood Vibes, daher passt der Coffee Shop ⟶ **Le petit monstre** perfekt ins Bild. Hier gibt es die leckersten veganen Backwaren: Cinnamon Rolls, Muffins, Croissants und andere Konditorköstlichkeiten. Der Coffee ist nur mit pflanzlicher Milch erhältlich, ganz im Gegensatz zum Rest des Landes. Hier wird die Welt einfach mal umgedreht – ich mag's.

6 **309 TOMPKINS AVE**

coffee

perfect pic

Lauf weiter die Tompkins Avenue hinunter, die hier Dreh- und Angelpunkt der coolen Shops und Läden ist. An der Seite eines Supermarktes befindet sich eine sehr coole ⟶ **Street-Art-Wand**, die den rosaroten Panther zeigt. Als ich das erste Mal hier war, stand ein Jazzmusiker davor und spielte Saxofon. Diese Wand ist für mich Bed-Stuy durch und durch: ein leicht heruntergekommener Supermarkt verbunden mit einem hippen Spot.

12 **318 TOMPKINS AVE**

Bedford-Stuyvesant ist noch mitten im Gentrifizierungsprozess. Mich fasziniert die Mischung aus alteingesessenen Shops aus aller Welt und neuen hippen Spots.

Bed-Stuy ist Brooklyn durch und durch

Der Duft von Räucherstäbchen hat mich in den leicht esoterisch angehauchten Laden Ancient Blends hineingelockt.

Der Wandel von Bed-Stuy ist auch an der steigenden Anzahl veganer Cafés und Restaurants abzulesen. Meine beiden Favoriten dürfen hier natürlich nicht unerwähnt bleiben. ⟶ **Greedi Vegan** ist ein Black owned Restaurant, das, wie der Name bereits verrät, ausschließlich vegan kocht. Es ist nicht ganz günstig, aber das Essen ist wirklich der Knaller und absolutes Comfort Food. Von einer Austernpilz-Bowl über Burger bis hin zu Fake Chicken and Waffles – hier schmeckt alles köstlich. Mein fave Sandwich in ganz New York City hole ich mir allerdings bei ⟶ **A.T.M. Vegan Deli.** Eine Veggie-Variante eines original Reuben Sandwiches? Yes please! Die Sandwiches sind allesamt so gut, dass auch Nichtveganer*innen voll auf ihre Kosten kommen werden. Give it a try!

2 326 TOMPKINS AVE
delicious

3 525 DEKALB AVE
delicious

Während du weiter die Tompkins Avenue entlangschlenderst, entdeckst du den cutesten Buchladen. ⟶ **Dear Friend Books** hat nicht nur eine unglaubliche Auswahl an Vintage-Büchern und -Magazinen, sondern auch eine süße Bar, an der du dir zum Stöbern einen Tee, einen Kombucha oder ein Glas Wein bestellen kannst. Dieser Laden ist ein Ort, der zum Verweilen einlädt. Die Besitzerin ist äußerst gastfreundlich, und es gibt einen gemütlichen Hinterhof mit einer Terrasse.

7 343A TOMPKINS AVE
shopping

Direkt daneben befindet sich der Klamottenladen ⟶ **Sincerely, Tommy,** der gleichzeitig auch ein Coffee Shop ist. Wenn du also deinen Iced Latte schlürfen und gleichzeitig einzigartige Vintage-Teile durchforsten möchtest, ist das der Ort für dich.

8 343 TOMPKINS AVE
shopping

Ich weiß nicht, wie esoterisch du angehaucht bist, ich bin es eigentlich gar nicht so doll. Aber der Geruch nach Räucherstäbchen hat mich in den Laden ⟶ **Ancient Blends** hineingelockt. Überzeugt haben mich dann zum einen die supersympathische Besitzerin, die locker zwanzig Jahre jünger aussieht, als sie eigentlich ist, und ihre wunderbare Auswahl an selbst gemachten Produkten. Cremes, Tees und andere Artikel, die deine Gesundheit verbessern sollen. Ich habe mir jedenfalls einige Packungen Räucherstäbchen gekauft, um mir den New-York-Duft jederzeit nach Hause holen zu können, wenn ich ihn mal wieder vermisse.

9 357 TOMPKINS AVE
shopping

EVERY LITTLE
THING IS GONNA
BE ALRIGHT.

Unglaublich köstlicher Grillgeruch stieg mir ein paar Schritte weiter in die Nase: ein karibisches Restaurant bereitete ein Outdoor-BBQ zu.

419 PUTNAM AVE 4

delicious

⟵ **Wadadli Jerk** ist ein Muss, wenn du auf gegrilltes Fleisch stehst. Es gibt aber auch Maiskolben für Veggie-Mäuse wie mich. Generell hat diese Ecke einen sehr karibischen Einfluss. Jamaikanische Flaggen wehen an den kleinen Ständen, an denen Schmuck und andere Kleinigkeiten verkauft werden. Händler*innen versuchen dich mit ihren Rufen zum Bleiben zu bewegen. Die Wände sind bunt bemalt mit Bob Marley oder anderen karibischen Held*innen. Du hast das Gefühl, dass du in eine ganz andere Welt abgetaucht bist. New Yorker Alltag. Von Touris keine Spur.

397 TOMPKINS AVE 11

drink

Erst seit Kurzem gibt es das ⟵ **Oddly Enough.** Die Bar hat auch eine schöne Outdoor Area. Die Einrichtung mit den gepolsteren Sitzbänken, den hübschen Marmortischen und den ausgewählten Deko-pieces wirkt sehr einladend. Besonders empfehlen kann ich dir die Cocktails, sie sind einfach großartig und im New-York-Vergleich erschwinglich. Die beiden Besitzerinnen Laura und Caitlin sind unglaublich sympathisch, kellnern immer selbst in der Bar und mixen auch die Drinks. Du findest die Entstehungsgeschichte des Oddly Enough im Kapitel über Queer Life in New York (Seite 55).

210 HART ST 

delicious

Für Zuckermäuse ist ⟵ **Sweets for the Sweeties** der Place to go und ein empfehlenswerter Abstecher. Ich weiß gar nicht, wie meine Beschreibung diesem Laden gerecht werden soll. Also sage ich es einfach frei heraus: HIER GIBT ES DAS BESTE EIS EVER. Auch die Kuchen, die Cupcakes und Desserts lassen dir das Wasser im Mund zusammenlaufen. Der Zuckerschock ist unaufhaltsam, aber er ist es wert.

Neben dem cutesten Book Shop riecht es vor einem karibischen BBQ nach gegrilltem Fleisch: Alltag in Bed-Stuy!

Tauche ab in eine andere Welt

Nach Bedford-Stuyvesant verläuft sich noch kaum ein Touri. So leben also New Yorker*innen abseits des Trubels.

CONEY ISLAND

Park Hours

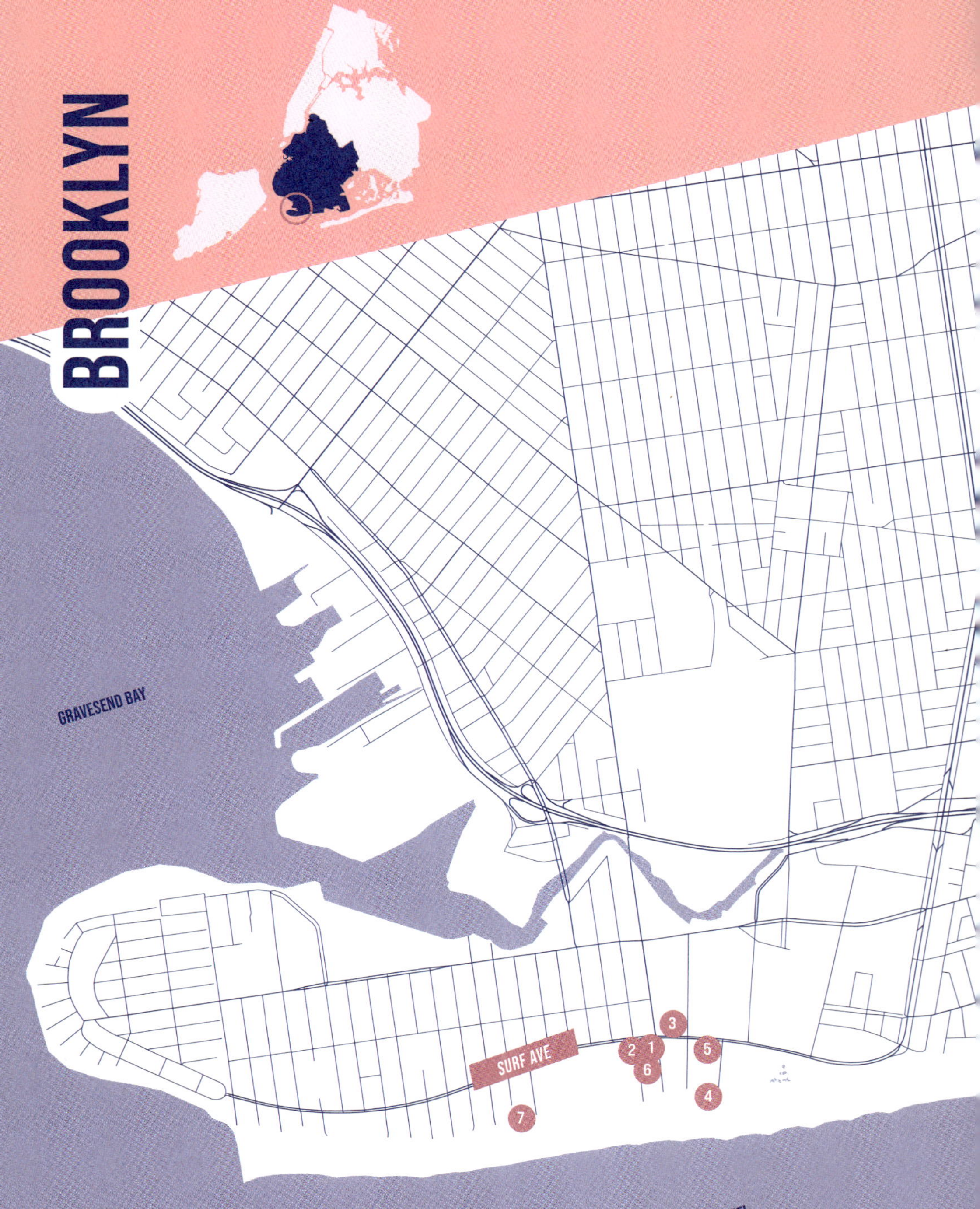
BROOKLYN
GRAVESEND BAY
SURF AVE
1
2
3
4
5
6
7
CONEY ISLAND CHANNEL

CONEY ISLAND

So delicious

Perfect pic

Fun things do to

Enchanting day by the sea

Lust auf eine kleine Zeitreise? Dann machen wir jetzt einen Ausflug zu einem meiner Lieblingsorte der Stadt: Coney Island. Ich kannte Coney Island aus Woody Allens *Der Stadtneurotiker* und wollte seitdem immer mal hinfahren. Also habe ich mir meine analoge Kamera und einen Coffee geschnappt und mich in den D-Train bis zur Endstation gesetzt. Dieser fährt (neben den F-, N- und Q-Linien) direkt durch. Coney Island ist eine am Strand gelegene Halbinsel und Vergnügungs-Area in Brooklyn. Das Highlight der Kulisse ist der Luna Park, ein kleiner Freizeitpark, der aber eher an einen Retro-Rummel erinnert. Die bekannte Achterbahn Cyclone wurde 1927 erbaut und ist noch heute in Betrieb. Auch das Riesenrad Wonder Wheel hat Kultstatus und bietet eine hervorragende Aussicht auf die Umgebung.

Willst du dich auch von diesem Retro-Vibe verzaubern lassen?

Then here we go ...

Tobende Kinder und euphorisierte Schreie von der Achterbahn: Im Sommer bedeutet Coney Island Lebensfreude und ganz viel Spaß.

Diese bunten Farben! Schnapp dir deine Kamera und einen Coffee to go und begib dich auf eine Zeitreise.

Coney Island hat sich seinen Charakter und vor allem seinen Charme bewahrt. Es wird sowohl von Einheimischen als auch von Tourist*innen gerne besucht. Der ⟶ **Luna Park** ist geöffnet von Ostern bis Halloween. Du steigst aus der lauten Subway aus und befindest dich plötzlich in einer anderen Welt. Rauschende Wellen, schreiende Möwen, die Gebäude allesamt in Pastellfarben – wie schön kann es sein? Und mittendrin ein Vergnügungspark. Tobende Kinder, euphorisierte Schreie von der Achterbahn: Lebensfreude und ganz viel Spaß. Die Fahrgeschäfte wurden über die Jahre modernisiert und sind definitiv einen Besuch wert, wenn du auf Action stehst.

5 **1000 SURF AVE**

fun

magic moment

Ich war in einem Februar in **Coney Island.** Es lag noch Schnee vom Blizzard, der vor einigen Tagen gewütet hatte. Der Luna Park war bereits geschlossen. Ich saß auf einer Bank, habe mich gesonnt und Postkarten geschrieben, während *Coney Island* von Taylor Swift lief. »I'm sitting on a bench in Coney Island wondering where did my Baby go.«
Ein Skilangläufer glitt an mir vorbei, und ich zog meine Winterjacke aus, weil es doch wärmer war, als ich dachte. Sonnen am Strand im Schnee. Surreal! Was für ein unvergleichliches Gefühl. Dieser Moment und die wunderschöne Kulisse inklusive blauem Himmel sind mir für immer in Erinnerung geblieben.

Die New Yorker Imbisskette ⟶ **Nathan's Famous** hat ihren Ursprung in Coney Island. Sie ist vor allem für ihre köstlichen Hotdogs berühmt. Vermutlich hast du die Stände schon am Central Park oder an anderen Stellen in Manhattan bemerkt. Seit 1972 wird hier im Sommer der Nathan's Hot Dog Eating Contest ausgetragen, bei dem die Teilnehmenden in kürzester Zeit möglichst viele Hotdogs verdrücken müssen.

1 **1310 SURF AVE**

delicious

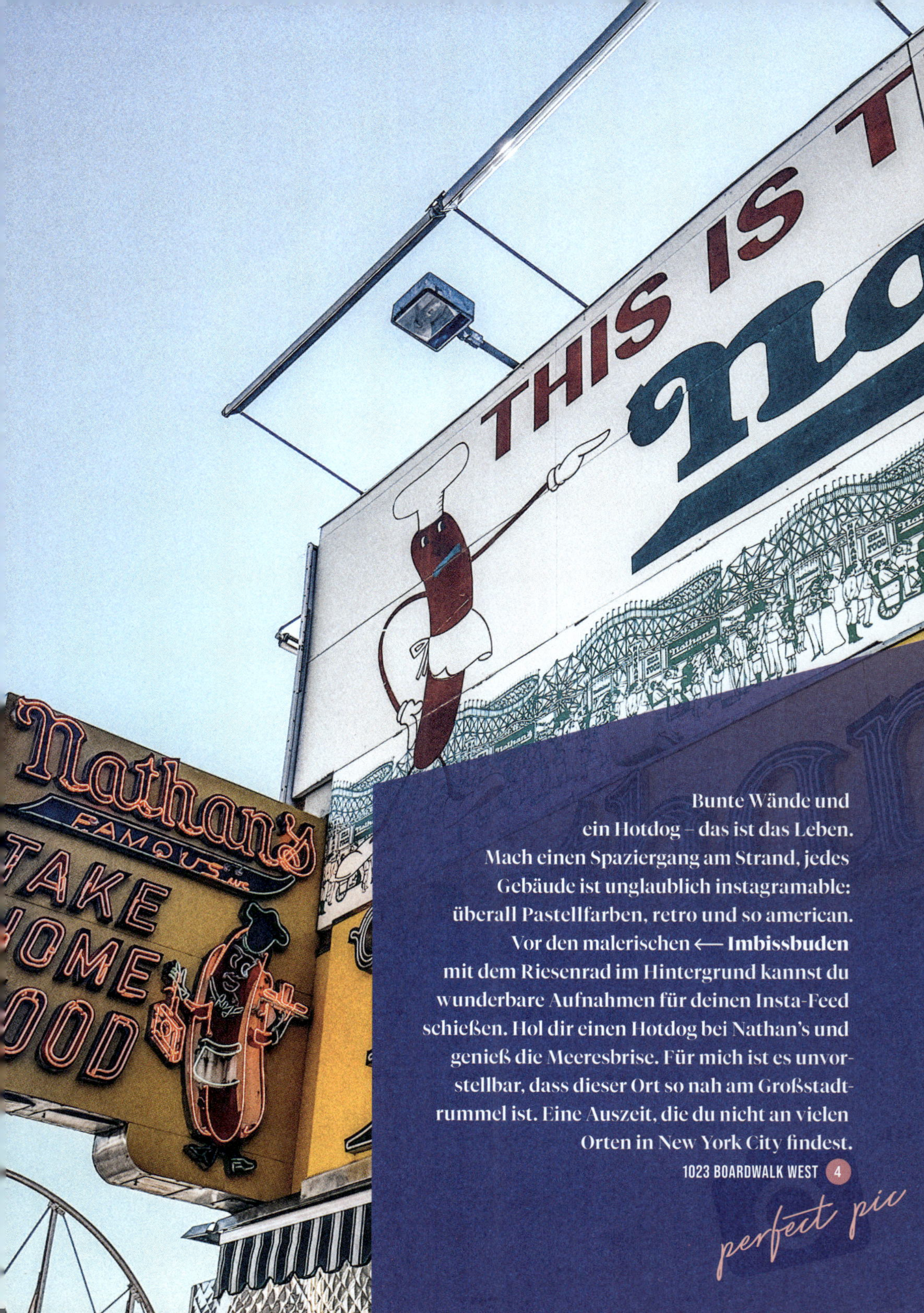

Bunte Wände und ein Hotdog – das ist das Leben. Mach einen Spaziergang am Strand, jedes Gebäude ist unglaublich instagramable: überall Pastellfarben, retro und so american. Vor den malerischen ⟵ **Imbissbuden** mit dem Riesenrad im Hintergrund kannst du wunderbare Aufnahmen für deinen Insta-Feed schießen. Hol dir einen Hotdog bei Nathan's und genieß die Meeresbrise. Für mich ist es unvorstellbar, dass dieser Ort so nah am Großstadtrummel ist. Eine Auszeit, die du nicht an vielen Orten in New York City findest.

1023 BOARDWALK WEST 4

perfect pic

Bei Nathan's Famous gibt es jeden Sommer einen Hot Dog Eating Contest. Der Rekord: 76 Stück in 10 Minuten!

Der Rekord liegt derzeit bei 76 Stück in 10 Minuten. Ganz schön impressive. Ich inhaliere mein Essen ja auch gerne mal, aber das ist schon doll.

fun

Mach einen Abstecher zu den ⟶ **Coney Art Walls**, eine Outdoor-Kunstausstellung mit – wie der Name bereits vermuten lässt – cooler Street-Art. Mich persönlich sprechen die Werke total an, weil sie so authentisch zu diesem Ort passen. Sie sind sehr amerikanisch und bunt, einige Motive (wie Ronald McDonald oder Mickey Mouse) werden dir in abstrakter Form bekannt vorkommen.

6 **3050 STILLWELL AVE**

delicious

Wenn du ein Schleckmaul bist, kann ich dir wärmstens ⟶ **Williams Candy Shop** empfehlen. Im schönen Coney Island Vibe findest du hier einen kleinen oldschool Süßigkeitenladen. Kandierte Äpfel, die in ganz New York bekannt sind, Zuckerwatte, Popcorn und Ice Cream mit verschiedenen Toppings. Mhhh, wie früher auf dem Rummel. Du wirst instantly in deine Kindheit zurückversetzt.

2 **1310 SURF AVE**

Die Strandpromenade Boardwalk ist so instagramable. Alles ist in Coney-Island-Pastellfarben getunkt.

WONDER
SHRIMP
FRENCH FRIES
CHARCOAL BROILED
SHISH-KEB
HOT DOG
Coca-Cola
DELICIOUS
JUMBO
OUR KNISH
THIS FOOD FOR DISPLAY ONLY
ALL BEEF
HOT DOGS
ITALIAN

SAUSAGE·HEROS
PPERS & ONIONS
ON A
STICK
Heineken
ICE COLD
LEMONADE
WONDER
WHEEL

delicious

1217 SURF AVE ③ Wenn du mehr Lust auf etwas Herzhaftes hast, probiere das authentische koreanische BBQ bei ⟵ **KPOT Korean BBQ & Hot Pot**. Es gibt ein All You Can Eat Buffet mit sehr frischen Zutaten und reichlich Auswahl. Dein BBQ wird an deinem Tisch zubereitet – komm unbedingt mit großem Appetit.

fun

3052 W 21ST ST ⑦ Vielleicht hast du ja Glück und im großartigen ⟵ **Coney Island Amphitheater** spielt gerade deine Lieblingsband. Oder ein interessantes Festival findet statt. Das Coney Island Amphitheater ist eine sehr schöne und überschaubare Eventlocation im Freien. Es liegt direkt am Strand bei der Promenade, dem Coney Island Boardwalk. Hier gibt es viel Platz, eine besondere Akustik und ein spektakuläres Ambiente. Keine Sorge, das Theater ist komplett überdacht, sodass du auch bei Regen nicht nass wirst.

Der Luna Park ist das Highlight von Coney Island. Die Achterbahn Cyclone und das Riesenrad Wonder Wheel haben Kultstatus.

I'm sitting on a bench in Coney Island

Danke, Woody Allen! Erst durch seinen Film Der Stadtneurotiker habe ich Lust bekommen, Coney Island zu besuchen.

百
兆

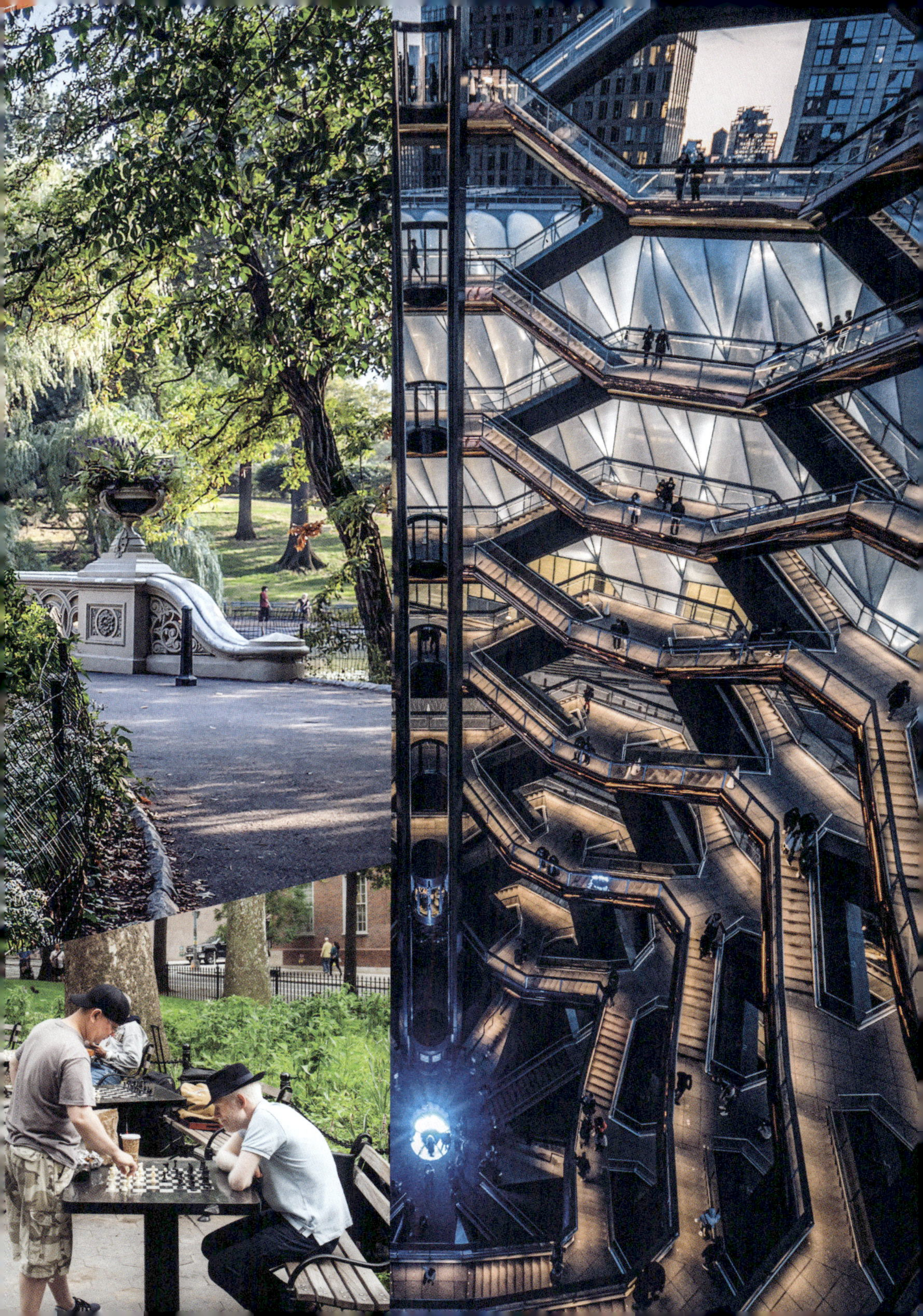

GOOD TO KNOW

New York Travel Hacks

WHAT TO PACK?

Pack. Dir. Bequeme. Schuhe. Ein!!! Du wirst unfassbar viel laufen und willst dir wirklich keine Blasen holen. Als ich einmal dachte, dass es wegen der Fotos cooler sei, meine neuen Vans auszuführen statt der alten, habe ich am Ende bestimmt 40 Dollar in Blasenpflaster investiert. Die nimmst du am besten auch schon von zu Hause mit.
Lass ruhig etwas Platz in deinem Koffer, du shoppst bestimmt ein paar neue Teile.
Vergiss außerdem deine Trinkflasche nicht. So bleibst du nicht nur jederzeit hydriert, sondern sparst auch Geld und Plastik. In der ganzen Stadt verteilt gibt es Wasserspender, an denen du die Flasche auffüllen kannst. In den USA kann man das Leitungswasser trinken (denk dir den ekligen Chlorgeschmack einfach weg).

MOVING AROUND

Ich lade mir den Streckenplan der New York City Subway MTA immer als Foto auf mein Handy, dann kann ich die Verbindungen besser nachvollziehen. Es ist aber grundsätzlich easy, sich zu orientieren, weil die Subway entweder uptown oder downtown fährt.
Du hast in den MTA-Gebäuden immer kostenfreies WLAN, wenn du lieber per App deine Verbindung raussuchen möchtest.
Die beliebte MetroCard wird durch das digitale Bezahlsystem OMNY ersetzt. Du kannst dich registrieren und deine Kreditkarte mobil hinterlegen. So musst du einfach nur dein Handy an die Poller halten. What a time to be alive! Das System ist übrigens so smart, dass es dir nach zwölf Fahrten einfach automatisch den Wochentarif berechnet und nicht weiterhin Geld abbucht.

Zum Thema Sicherheit: Ich persönlich habe nie blöde Erfahrungen gemacht (auch nicht nachts), aber wenn du auf Nummer sicher gehen willst, nimm dir ein Uber. Taxi fahren in New York klingt romantisch. Ist aber auch sehr teuer. Spar dir die Kohle und nimm die Subway. Das Subway-System in New York ist wirklich gut und leicht zu verstehen.

MONEY, MONEY, MONEY

Du brauchst in New York DRINGEND eine Kreditkarte. Reguläre EC-Karten werden meistens nicht akzeptiert, auch nicht an den ATM (Geldautomaten). Hingegen brauchst du kaum mehr Bargeld. Du kannst selbst einen Betrag von 10 Cent mit deinem mobilen Handywallet bezahlen. Manchmal musst du aber noch deine physische Karte hinhalten. Für manche Bars oder für Trinkgeld hole ich mir doch immer einen kleinen Betrag an Bargeld. Anstatt Geld zu wechseln, ziehe ich einfach welches am Geldautomaten, das kostet meist nur eine kleine Gebühr.
Wenn wir schon übers Tippen sprechen: Das ist in New York essenziell. Viele arbeiten für den Mindestlohn und sind auf Trinkgeld angewiesen. Im Restaurant gibt man meist mindestens 20 Prozent Tip. Ich weiß, New York ist generell schon schweineteuer, aber die paar Dollar machen den Bock auch nicht fett. Und die Menschen danken es dir!

SURVIVE THE CONCRETE JUNGLE

Nimm dir einen Tipp zu Herzen: Nicht bummeln! New Yorker*innen hassen nichts mehr als Menschen, die langsam laufen oder mitten auf der Straße stehen bleiben und so den Weg blockieren. They always have to be somewhere. Außerdem: Real New Yorkers warten nicht auf »grüne« (in New York eigentlich weiße) Ampeln, sondern laufen los, sobald die Bahn frei ist. Das sollte aber wirklich erprobt sein, also schau ganz genau, ob kein Auto kommt, und lass dich bitte nicht überfahren!

DON'T GET LOST

Lerne das Straßensystem kennen! Für mich ist das der ultimative Pro-Tipp, weil du dich dann immer und jederzeit in Manhattan orientieren kannst. Es ist auch gar nicht so kompliziert, da die Streets und die Avenues jeweils nummeriert sind. Du musst also nur wissen, ob du uptown oder downtown läufst und ob du nach East oder West möchtest. New Yorker*innen reden immer von Blocks. Wenn dir also jemand sagt, dass du zwei Blocks in eine Richtung laufen musst, sind das zwei

Straßen.
Die Entfernung zwischen den Streets ist aber etwas geringer als die zwischen den Avenues.
Ich markiere mir alle Spots, die ich besuchen möchte, immer vorher bei Google Maps. Du kannst die Karte offline verfügbar machen, runterladen und jederzeit einsehen, auch wenn du mal kein WLAN haben solltest. Außerdem ist es auch cool, wenn du irgendwo langspazierst und zufällig auf ein Café stößt, dass du dir vorher schon einmal markiert hast.

STAY CONNECTED

Du findest eigentlich fast überall Spots mit WLAN, in Manhattan sogar flächendeckend. Es gibt ein frei zugängliches öffentliches Netzwerk der Stadt. Solltest du mal kein WLAN finden, kannst du immer noch in ein Café hüpfen, die meisten Läden haben ihr eigenes. Die Gebäude der Subway ebenfalls.

A NIGHT OUT

The city that never sleeps? Ja, absolut. Aber wir befinden uns immer noch in den USA, das heißt, dass viele Bars schon spätestens gegen zwei Uhr schließen. Auch Clubs schließen schon gegen vier. Dafür hat die Bodega um die Ecke bestimmt rund um die Uhr geöffnet. Auch wenn New York im USA-Direktvergleich sehr europäisch wirkt, sind die Regeln dennoch relativ prüde. Du darfst nicht mit Alkohol in der Hand in der Gegend herumlaufen. Mit einer Papiertüte drum geht es aber klar. Ich weiß, dass es keinen Sinn macht, aber spiel lieber mit und riskier keinen Ärger. Unter 21 Jahren ist es komplett verboten, Alkohol zu trinken. In den meisten Clubs und Bars wird dein Ausweis beim Eintritt auch kontrolliert. Trage deinen Personalausweis also am besten immer mit dir herum.

LAST BUT NOT LEAST

Never EVER miss out an opportunity to pee! Der No.1-Tipp für Städtetrips: jede Klomöglichkeit mitnehmen. Es gibt über die Stadt verstreut schon einige Public Restrooms, da ist New York Deutschland etwas voraus. Aber wenn du dir ohnehin gerade in einem Café einen Coffee holst oder bei Macy's bummelst, erledige es pro forma, um gar nicht erst suchen zu müssen! Falls du doch suchen musst, hilft dir bestimmt der Link hinter dem QR-Code.

Abschließend zwei Tipps, damit du nicht direkt als Touri enttarnt wirst. Erstens: Nenne New York immer nur kurz und knapp »the City«. Warum? Weil NYC ein eigenes Universum ist und New Yorker*innen sich gar nicht vorstellen können, dass man über eine andere Stadt sprechen könnte. Zweitens: Iss niemals dein Pizza Slice mit Messer und Gabel. Falte das Stück in der Mitte. Zusammengeklappt schmeckt es auch einfach am besten.

So, jetzt bist du gut prepared. Ich hoffe, du hast eine unvergessliche Zeit in meiner City of Dreams.

Nenne New York immer the City!

Viele New Yorker Bars schließen schon um zwei, Clubs um vier. Dafür hat die Bodega an der Ecke rund um die Uhr geöffnet.

WAS TUN BEI
New-York-
Sehnsucht?

Gegen akute New-York-Vermissung oder zur Einstimmung auf deinen bevorstehenden Trip: Nimm dir eine große Portion salziges Popcorn, pimpe dein Ben & Jerry's Ice Cream mit M&M's und mach dir einen köstlichen Veggie Dog mit viel Senf. Oder wenn du ganz verrückt bist, backst du dir diesen – wie meine Freundin Rosa gerne sagt – »schmackofatz« Macadamia-Monstercookie. Schnapp dir deine Kalorienbomben und wirf dich aufs Sofa. Starte einen New-York-Fernsehabend, lies ein Buch mit NYC-Schauplatz oder scroll dich durch die sozialen Netzwerke, um dich direkt in die tollste Stadt der Welt zu träumen.

Macadamia-Monstercookies

MEGA-KEKS TRIFFT KÖNIGIN DER NÜSSE

FÜR 4 PORTIONEN
Zubereitung: 15 Min.
Backen: 30 Min.

- 100 g gesalzene Macadamianusskerne
- 125 g weiche Margarine (plus noch etwas mehr für die Form)
- 130 g brauner Zucker
- 100 g weißer Zucker
- 90 ml Vanille-Sojadrink
- Salz
- 340 g Mehl
- 2 TL Backpulver
- 100 g vegane Schokoladentropfen

1 Zuerst mal den Backofen auf 175° vorheizen. Schmeiß dann deine Macadamianusskerne auf das Backblech und schieb sie in die Röhre (Mitte). Röste sie in 6–8 Min. goldig. Herausnehmen und auskühlen lassen.

2 Margarine und beide Sorten Zucker in eine Schüssel geben und mit den Rührbesen des Handrührgeräts cremig rühren. Sojadrink und ½ TL Salz unterrühren, dann das Mehl und das Backpulver rein und alles kurz vermengen.

3 Ein paar Macadamias und Schokotropfen zur Seite legen, um sie am Ende auf dem Cookie zu verteilen. Den Rest in den Teig schmeißen und kurz untermischen.

4 Schnapp dir jetzt eine Pfanne aus Gusseisen oder eine runde Auflaufform (ca. 20 cm ø) und fette sie ein. Gib den Cookieteig in die Pfanne oder die Form, die restlichen Nüsse und Schokotropfen kommen on top.

5 Monstercookie für 30 Min. in den Ofen (Mitte) schieben. Dann kannst du auch schon loslöffeln und das noch warme Nuss-Schoko-Cookie genießen.

ZUM DESSERTTRAUM wird dieses dicke Monstercookie, das fast schon eher ein Kuchen ist, wenn du es mit veganer Eiscreme und ein paar Früchten servierst! Ich liebe Vanilleeis mit frischen Erdbeeren oder Sauerkirschen aus dem Glas zum Cookie. Aber es schmeckt natürlich auch jede andere Kombi.

Guten Appetit!

A RAINY DAY IN NEW YORK

Ein sehr süßer Liebesfilm von Woody Allen mit dem unglaublich begabten Timothée Chalamet. Die Delacorte Clock im Central Park wird zum romantischsten Ort New Yorks erklärt (mehr dazu im Kapitel 5th Avenue auf Seite 27).

BUDDY – DER WEIHNACHTSELF

Ein erwachsener Mann, der sich für einen Weihnachtselfen hält und die ganze Stadt auf den Kopf stellt. Klingt albern? Ist aber zuckersüß und wird dich in den perfekten NYC Christmas Mood versetzen.

DAS WUNDER VON MANHATTAN

Der bezauberndste Weihnachtsfilmklassiker. »Glaubst du an Santa Claus?« Well, I do. Und dieser Film steht vor jedem Besuch (egal zu welcher Jahreszeit) auf meiner Pre-New-York-Watchlist.

HARRY UND SALLY

Ein schöner Liebesfilm aus den 80ern, der New York around the Seasons beleuchtet. Meg Ryan spielt die ikonische Orgasmus-Szene bei Katz's Delicatessen (siehe Kapitel East Village auf Seite 97).

DER STADTNEUROTIKER

Dieser Film von Woody Allen hat mich dazu inspiriert, Coney Island zu besuchen. Dafür bin ich unglaublich dankbar.

E-MAIL FÜR DICH

Tom Hanks und Meg Ryan zwischen Autumn in New York und süßen Corner Book Shops.

NYC VIBES, INSIDER-TIPPS UND EVENTS:

@SECRET_NYC
@JEFFREY_IN_NYC
@NYC
@ETHANBARBER.CO
@MIRIELLE.BOHO
(Haha! Eigenwerbung, aber auf meinem Account gibt es einige Reels mit daily New York Snippets, um das Fernweh so richtig zu entfachen.)

FÜR DIE FOODIES UNTER EUCH:

@NEW_FORK_CITY
@EAT_THIS_
@NYCEEEEATS

Serien

FRIENDS

Die Kultserie der 90er-Jahre, die in New York spielt. Monicas Apartment findest du als Fotospot im Kapitel West Village (Seite 64).

GOSSIP GIRL

XOXO. Eine der süßesten Teenageserien, die sich um eine Clique der Upper East Side dreht.

SEX AND THE CITY

Über das wilde Datingleben von Carrie Bradshaw und ihren Freundinnen in der City. Carries Apartment wird ebenfalls im West-Village-Kapitel erwähnt (Seite 64).

NEW YORK, I LOVE YOU

Eine sweete Kurzgeschichten-Reihe, die (obviously) in New York spielt.

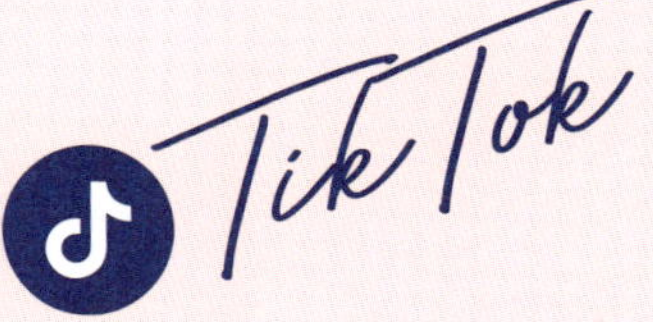

TikTok

REAL NEW YORK FOR REAL NEW YORKERS!

@NEWYORKNICO

@CALEBTHILL

@DEVOURPOWER

Spotify

MEINE PERSÖNLICHE NEW-YORK-PLAYLIST.

Songs mit NYC-Bezug und Songs, die ich beim Schreiben auf Dauerschleife gehört habe.

Bücher

SALZ UND SEIN PREIS (CAROL) VON PATRICIA HIGHSMITH

Definitiv mein Lieblingsbuch mit Christmassy New York Vibe. Für die Lesemuffel unter euch gibt es eine tolle Verfilmung mit Cate Blanchett.

DER FÄNGER IM ROGGEN VON J.D. SALINGER

Ein großartiger Klassiker und Adoleszenzroman. Begleite Holden in seiner Findungsphase durch Manhattan.

IM RAUSCH DER FREIHEIT VON EDWARD RUTHERFURD

Die Schicksale von vier Familien in New York City werden über verschiedene Zeitepochen erzählt.

Prudential
新华通讯社
XINHUA NEWS AGENCY
THE LION KING
ENTRANCE ON 45TH STREET
Disney
THE LION KING
GET TICKETS HERE!
WICKED
Live beautiful
Coca-Cola
NOVOTEL
Budweiser
YOU
ONE WAY
W 44 St
NEW YORK LINE
WHAT ARE YOU DOING DOWN THERE?
DELTA
STARR INSURANCE COMPANIES
HESS
This Bud's For You.
razr
GATORADE
T-Mobile
BANK OF AMERICA
Ford
64 JOSE MIRANDA
Uber Eats
A SUB ABOVE

LG
OLD NAVY
Quiksilver

Register

ARTS AND MUSEUMS

BAKERIES

BARS

BOOKS AND MAGAZINES

BUILDINGS

CINEMAS

COFFEE SHOPS

COMEDY

FASHION

FILMING LOCATIONS

FLEA MARKETS

FOOD MARKETS AND SHOPS

MURALS

PARKS

RESTAURANTS

SHOPS AND MALLS

SIGHTSEEING

SQUARES

STREETS

SWEETS

Thank you

Zuallererst möchte ich Alex danken, der meine größenwahnsinnigen Ideen in Aufträge verwandelt.

Danke meinem Team bei Gräfe und Unzer, weil ich jederzeit das Gefühl hatte, dass euch das Projekt ebenso am Herzen liegt wie mir. Melanie und Caro, die mit ihren tollen Ideen das Buch erst zu dem gemacht haben, was es ist. Meinem Lektor Patrick, mit dem ich so inspiriert Pingpong spielen durfte. Nicola und Tanja, die dieses wunderschöne Layout geschaffen haben. Danke euch allen für den Vertrauensvorschuss und die Möglichkeit, meine Erlebnisse in Worte packen zu dürfen.

Nici und Deb, meine ältesten New-York-Freundinnen – danke für unzählige Cubby- und Taco-Truck-Nächte.

Jaime, danke für deine Freundschaft. Du bist jedes Mal aufs Neue mein absolutes NYC-Highlight.

Thank you, Fraence, Ricarda und Rosa: I'll never forget drinking Crémant and eating birthday cake at Central Park.

Theresa, danke fürs Coverfotoschießen und fürs Erinnerungenteilen.

Dank an Cocoberry um die Ecke, wo ich die größten Inspirationen und Denkeinfälle hatte. Vor allem an Ido für die unzähligen Minztees.

Und danke, Opi, Omi und Mama, die mir den ersten New-York-Trip finanziert haben. Ohne euch würde es dieses Buch nicht geben.

Für F. – Baby, you light up my world like nobody else. Auf hoffentlich 100 gemeinsame NYC-Trips.

Bildnachweis

Coverfoto: Theresa Bils

Umschlagklappe vorne außen:
alle Fotos von Miri Bouaouina außer: unten rechts seasons.agency: Jalag/Lukas Larsson

Umschlagklappe hinten innen:
alle Fotos von Miri Bouaouina außer: unten links Shutterstock.com

Innenteil:
Alle Fotos von Miri Bouaouina außer: Alamy Stock Photo: AA World Travel Library 43, Dario Bajurin 36_1, Jon Bilous 70_1, Delphotos 68; AWL Images: Markus Lange 126, 135; Courtesy of Color Factory 78; Getty Images: Andrew Lichtenstein 96, Alexi Rosenfeld 28_1, Alexander Spatari 130, 157–158_2; HUBER IMAGES: Jordan Banks 112–113_3, 138_1, 174–175_1, Antonino Bartuccio 104–105, 112–113_2, 112–113_5, 140_2, Massimo Borchi 162–163, Pietro Canali 108, Claudio Cassaro 92-93, Davide Erbetta 14, Justin Foulkes 18_2, 98–99_1, Monica Goslin 40–41_5, Susanne Kremer 109_1, 130, 191, Lumiere 122–123, Sandra Raccanello 20–21_2, 30–31, 101_2, Massimo Ripani 110_1, Anna Serrano 20–21_5, 26, 70_2, 112–113_4, Giovanni Simeone 101_1, 166, Richard Taylor 20–21_4, Laura Zeid 137_1; laif: Eric Martin/Le Figaro Magazine 28_3; Frederik Löwer/@imwithloewer 89, 90; 104–105; mauritius images: 42_1, 64, 56, 111, 116, 117, 138, 152, 160_3; Pexels 4–5_2, 4–5_4, 174-175_1, 174–175_3, 174–175_5, 178, 184–185_2; plainpicture 115; seasons.agency: Jalag/Lukas Larsson 34, 40–41_1, 44_2, 77_1, 170–171_2, 170–171_4, Jalag/H.& D. Zielske 77_3; Shutterstock.com: 4–5_1, 4–5_3, 20–21_1, 20–21_3, 22, 28_2, 44_1, 45_1, 47, 50, 53, 62, 72–73, 82, 84, 86, 100_1, 100_2, 100_3, 109_2, 110_2, 129_3, 170–171_5, 172; stock.adobe.com 15_2, 24–25_2, 142, 174–175_2, 189; Unsplash 16, 36_2, 85

Karten: stock.adobe.com und Shutterstock.com

Impressum

POLYGLOTT ist eine eingetragene Marke
der GRÄFE UND UNZER VERLAG GmbH

ISBN 978-3-8464-1001-1

1. Auflage 2024

Text: Miri Bouaouina
Redaktion und Projektmanagement: Caro Kania, Melanie Loser
Lektorat: Patrick Schär, torat.ch
Bildredaktion: Dr. Nafsika Mylona
Layout: Stefanie Reindl, ki36; Nicola Hammel-Siebert und Tanja Schnurpfeil, zebraluchs.de
Satz und Kartografie: Nicola Hammel-Siebert und Tanja Schnurpfeil, zebraluchs.de
Schlusskorrektur: Verena Simon, torat.ch
Umschlaggestaltung: Stephanie Reindl, ki36; Nicola Hammel-Siebert und Tanja Schnurpfeil, zebraluchs.de
Herstellung: Gloria Schlayer
Repro: Medienprinzen, München
Druck und Bindung: Florjancic tisk d.o.o., Maribor

WICHTIGER HINWEIS

Die Daten und Fakten für dieses Werk wurden mit äußerster Sorgfalt recherchiert und geprüft. Wir weisen jedoch darauf hin, dass diese Angaben häufig Veränderungen unterworfen sind und inhaltliche Fehler oder Auslassungen nicht völlig auszuschließen sind. Für eventuelle Fehler oder Auslassungen können Gräfe und Unzer und die Autoren keinerlei Verpflichtung und Haftung übernehmen.

ANSPRECHPARTNER FÜR DEN ANZEIGENVERKAUF:

KV Kommunalverlag GmbH & Co. KG,
MediaCenter München, Tel. 089/928 09 60

BEI INTERESSE AN MASSGESCHNEIDERTEN B2B-PRODUKTEN:

b2b-kontakt@graefe-und-unzer.de

LESERSERVICE

GRÄFE UND UNZER Verlag
Grillparzerstraße 12, 81675 München
www.graefe-und-unzer.de

UMWELTHINWEIS

Nachhaltigkeit ist uns sehr wichtig. Der Rohstoff Papier ist in der Buchproduktion hierfür von entscheidender Bedeutung. Daher ist dieses Buch auf PEFC-zertifiziertem Papier gedruckt. PEFC garantiert, dass ökologische, soziale und ökonomische Aspekte in der Verarbeitungskette unabhängig überwacht werden und lückenlos nachvollziehbar sind.

Ein Unternehmen der
GANSKE VERLAGSGRUPPE